100 *Orte* in Belgien

Rolf Minderjahn

100 *Orte* in Belgien

GEV

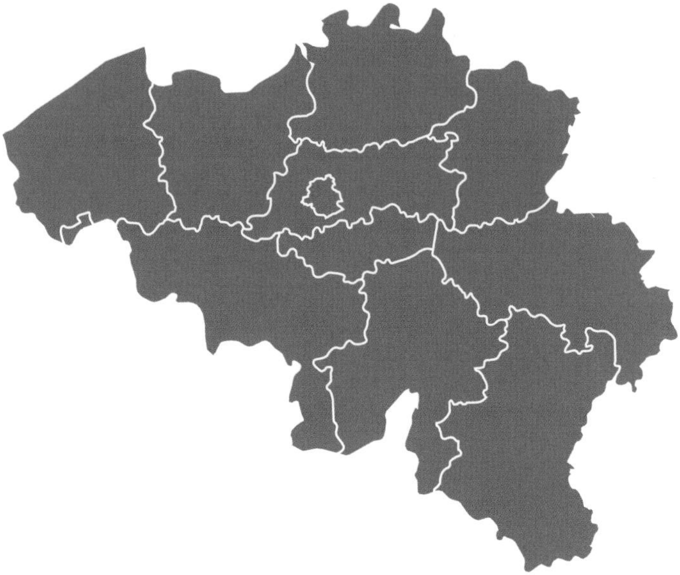

www.gev.be
buchverlag@grenzecho.be

ISBN 978-3-86712-153-8
D/2020/3071/1

Lektorat: René Zey, Frechen
Layout: Königsdorfer Medienhaus, Frechen

Printed in EU

Inhalt

Vorwort 12

IM GANZEN LAND

1 **In Belgien spricht man auch Deutsch**
Die Landessprachen in Belgien sind längst keine unüberwindbaren Barrieren für Besucher mehr 14

2 **Gastronomie in kulinarischen Gastlandschaften**
Vom Bruchsteinlandhaus über ehemalige Bankgebäude bis zum Surprise Truck 16

3 **Kult(o)ur in Cafés, Tavernen oder Estaminets**
Das Galgenhäuschen, Die Tolle Grete, Der Schnelle Tod, Das Elfte Gebot ... willkommen in Belgiens Kultkneipen 18

4 **Places to be – Bühnen der Lebensart**
Belgiens grandiose Brasserien 20

5 **Mund auf und probieren – Echte belgische Gaumenfreuden (1)**
Heimatboden, lokale, traditionelle Produkte wie Rosenkohl und Chicorée – Bitte(r)schön! 22

6 **Mund auf und probieren – Echte belgische Gaumenfreuden (2)**
Eine Nation der Nationalgerichte 24

7 **Mund auf und probieren – Echte belgische Gaumenfreuden (3)**
Eine Nation der Nationalgerichte – Fleischklöße, die in Sauce baden 26

8 **Mund auf und probieren – Echte belgische Gaumenfreuden (4)**
Eine Nation der Nationalgerichte – Graue Krevetten (Nordseegarnelen) 28

9 **Mund auf und probieren – Echte belgische Gaumenfreuden (5)**
Schinken-Schlemmer-Tour 30

10 **Mund auf und probieren – Fladen, Printen, Waffeln … (6)**
Belgier sind wahre Meister im Backen 32
11 **Mund auf und probieren – Die belgische Patisserie ist Weltspitze (7)**
Jean-Philippe Darcis – Multitalent in Sachen Naschereien 34
12 **Mund auf und probieren – Echte belgische Gaumenfreuden (8)**
Eine Nation der Nationalgerichte – Fritten 36
13 **Köstliche Angelegenheit**
Belgisches Bier mit Käse … oder mit Schokolade 38
14 **132 Sterne-Restaurants (2019) in Belgien**
Die Dichte an exzellenten Küchen ist rekordverdächtig 40
15 **Gueuze hat Liebhaber(-innen) in der ganzen Welt**
In Brüssel und Umgebung ist das „Lambic" zu Hause, ein Bier aus natürlicher Gärung 42
16 **Das Trappiste – Edles aus dem Kloster**
Mit dem Rad zu den Trappisten 44
17 **Botschafter Schokolade**
Eine Nascherei von Weltruf kommt aus dem Nachbarland 46
18 **Pralinen – Nur im Ballotin**
Eine Erfindung verändert im Jahr 1912 die Welt der Schokolade 48
19 **Bocholt – Das größte Brauereimuseum in Europa**
Die Belgische Bierkultur ist seit 2016 Weltkulturerbe 50
20 **Mariä Himmelfahrt in Belgien**
Ein Feiertag im wahrsten Sinne des Wortes 52
21 **Belgien surreal**
Das ist keine Pfeife und dies ist kein Maschinengewehr 54
22 **Wäsche, Möhren, Pflasterstraßen und Weißblechdosen**
Für fast alles ein Museum 56
23 **Urlaub einmal anders – eine Villa im Grünen**
Ferienhäuser in den Ardennen 58
24 **Château de Belœil – das belgische Versailles**
Die größte Anzahl von Schlössern und Burgen pro Quadratkilometer 60
25 **Nicht nur grün, sondern auch blau**
Belgiens grandiose Wälder 62
26 **Familienparadiese Freizeitparks**
Kleines Land mit großem Spaßangebot 64

27 **Barockstar Belfried**
33 Glockentürme in Belgien sind Weltkulturerbe 66
28 **Eddy Merckx und die Radfahrnation**
Die Klassiker und ihre Jedermann-Challenges 68
29 **14.500 km Radwege**
In einem Land, das einen Durchmesser von nur knapp 280 km hat 70
30 **Jazzy Belgium**
Das Saxofon stammt aus Dinant 72
31 **Die Folkloremärsche Entre-Sambre-et-Meuse**
Tragende Säulen der kulturellen Identität 74
32 **Die neunte Kunst**
In Belgien gehören Comics zum kulturellen Erbe 76
33 **Weltbekannte Comic-Helden**
Tim und Struppi, Spirou, Gaston Lagaffe, Lucky Luke und Co. 78

IN BRÜSSEL

34 **Das belgische Comic-Museum**
Die Verschmelzung zweier bedeutender Kunstrichtungen 80
35 **Der Sohn des Mannes**
Das Magritte-Museum in Brüssel 82
36 **Das MIM**
Tausende Instrumente hören und sehen 84
37 **Das Atomium**
Brüssels Wahrzeichen 86
38 **Das Museum für Naturwissenschaften**
Galerien der Evolution, des Menschen und der Dinosaurier 88
39 **Das EU-Viertel – Mehr als nur Politik**
Hingucker und Lifestyle 90
40 **Das Parlamentarium**
Europa muss nicht langweilig sein 92

41 *Der* **Flohmarkt schlechthin – Place du Jeu de Balle**
Ein kunterbunter, multikultureller Treff 94
42 **Brüssel und die Grand-Place**
Für viele der schönste Marktplatz der Welt 96
43 **Brüssels bewegende Architektur**
Der Jugendstil (Art nouveau) 98
44 **Ein Spaziergang**
Auf den Spuren Victor Hortas und des Jugendstils 100

IN FLANDERN

45 **Das Rathaus von Leuven**
Ein architektonischer Reliquienschrein 102
46 **Johann Sebastian Bach in über 90 m Höhe lauschen**
Mechelen – die bezaubernde Glockenspielerstadt 104
47 **Gent – lichtverspielt und autofrei**
Die Stadt mit der beeindruckendsten historischen Kulisse in Belgien 106
48 **Gent – Der Schatz der Monuments Men**
„Die Anbetung des Lamm Gottes" der Gebrüder van Eyck gilt als eines der einflussreichsten Gemälde aller Zeiten 108
49 **Rubens und Antwerpen**
Europäer aus tiefster Überzeugung 110
50 **Die Eisenbahnkathedrale**
Der Antwerpener Bahnhof 112
51 **Das DIVA in Antwerpen**
Welch ein Name für ein Diamantenmuseum 114
52 **Brügges Juwele in neuem Glanz**
Museum Plantin-Moretus, Stadtpalais van Gruuthuse und Liebfrauenkirche 116
53 **Spuren im Sand**
Das größte Strandskulpturenfestival seiner Art 118
54 **Venezianische und königliche Galerien an der Nordsee**
Zeugnisse des einstigen Nobelseebads Ostende 120
55 **Dünenwanderung in De Panne**
Bis nach Frankreich hinein 122
56 **Nächster Halt: De Haan**
Die Kusttram ist die längste Straßenbahnlinie der Welt 124
57 **Mondäne Zeiten in Knokke-Heist**
Das feine Seebad liegt unweit der niederländischen Grenze 126

58 **Auf Flanderns Feldern blüht der Mohn**
Für immer und alle Ewigkeit 128
59 **Das Katzenfest von Ypern**
Die legendären Tuchhallen 130
60 **Kortrijk – Architekturjuwel Beginenhof**
Neue Form der Lebensgemeinschaft 132
61 **Das Teseum – Stadt unter der Erde**
Die Schatzkammer der Basilika in Tongeren 134
62 **Lommel (Bosland) – Wüstensand und Meeresblau aus der Hängematte**
Das Naturgebiet ist ein ideales und unvergleichliches Wanderterrain 136
63 **Radfahren durch einen See**
Spektakuläre Routen in der belgischen Provinz Limburg 138

IN DER WALLONIE

64 **Spa – Ganz aus dem Häuschen**
Das Musikfestival Francofolies de Spa 140
65 **Spa – Mit der Kabinenbahn zum Kuren**
Spa ist trendy, der Name ist Inbegriff für das Thermalwesen weltweit und für qualitätsvolle Mineralwässer 142
66 **Hergé-Museum – Die Heimat von Tim und Struppi**
Ein Eldorado für Comicfans 144
67 **Louvain-la-Neuve – die neue Stadt der Fußgänger**
Eine Stadt vom Reißbrett – in ihrer Art einmalig in Europa 146
68 **Charleroi – ein neues Trend-Reiseziel (1)**
Sie glauben, in Charleroi gibt es nichts zu sehen, außer alten Industriestaub? 148
69 **Charleroi – ein neues Trend-Reiseziel (2)**
Die Stadt gilt als das Epizentrum Belgiens für Street Art 150

70 **Charleroi – ein neues Trend-Reiseziel (3)**
Im Fokus: das Museum für Fotografie, das größte seiner Art in Europa 152
71 **Hôpital Notre-Dame à la Rose (Lessines)**
Acht Jahrhunderte Medizin und Kunstgeschichte 154
72 **La Louvière – Ein Kanal mit Treppen aus Stahl**
Schiffstour auf dem historischen Canal du Centre 156
73 **Ronquières – Die Schiefe Ebene und das romanische Land**
Ein spektakuläres Schiffshebewerk südlich von Brüssel 158
74 **Grand Hornu – Flanieren und Kunstgenuss**
Die ehemalige Bergbau-Hochburg ist heute Industrie-Kulturstätte mit dem Museum MAC's und dem CID 160
75 **Villers-la-Ville – Im Bann von Romantik und Mystik**
Die berühmte Klosterruine in Wallonisch-Brabant 162
76 **Binche – Belgiens berühmtester Karneval**
Die Gilles als Weltkulturerbe und das Internationale Karnevals- und Maskenmuseum in Binche 164
77 **Pairi Daiza – wie bei Indiana Jones**
Der Garten der Kulturen und Kontinente gilt als bester Tierpark Europas – ein unvergessliches Erlebnis 166
78 **Die Kathedrale Notre-Dame de Tournai**
Die perfekteste und monumentalste Kirche Belgiens, seit 2000 UNESCO-Weltkulturerbe 168
79 **Feuersteinminen von Spiennes**
Eine wichtige Etappe in der kulturellen und technologischen Entwicklung der Menschheit 170
80 **Doudou – Die Prozession des goldenen Wagens**
Belgiens Fest der Feste 172
81 **Das Mundaneum in Mons – Weltdokumentenerbe der UNESCO**
Ein Plan vom weltweiten Netz begann hier 174
82 **Waterloo – das neue Museum „Memorial 1815"**
Auf fast 6.000 m^2 erklärt eine Zeitreise die Hintergründe und Auswirkungen der Schlacht 176
83 **Terrasse Les 7 Meuses**
Logenplatz der Lebensart 178
84 **Jedes Jahr werden hier 80.000 Menschen ins All geschickt**
Im einzigen Space-Center Europas 180
85 **Der Geopark Famenne-Ardenne**
UNESCO-Weltnaturerbe 182

86 **Zum „Dom des Lichts“**
Die berühmten Grotten von Han-sur-Lesse 184
87 **Transardennaise – Diese Wege werden leichte sein**
Von La-Roche-en-Ardenne nach Bouillon 186
88 **Antiklinale, Kopfsteinpflaster und Mäander**
Durbuy, steinalt, aber sehr lebendig 188
89 **Guillemins – der weiße Bahnhof**
Einer der spektakulärsten in Europa 190
90 **Ein „Louvre“ für Lüttich**
La Boverie – das neue Museum der Schönen Künste ist zugleich Ausstellungszentrum 192
91 **Wie der Aufstieg zum Olymp**
Lüttichs einzigartige Treppenstraße 194
92 **Lüttichs geheime Pfade**
Über den Sentier des Terrasses 196
93 **Georges Simenon, ein Junge aus Outremeuse**
Lüttich und der große Sohn der Stadt 198
94 **Eine Reisebadewanne für Napoleon**
Das Kuriosum Neutral-Moresnet 200

UND DAS WIRD IHNEN AUCH GEFALLEN

95 **Oh là là – Belgiens Märkte** 202
96 **Wussten Sie eigentlich schon ... (1)** 204
97 **Wussten Sie eigentlich schon ... (2)** 206
98 **Wussten Sie eigentlich schon ... (3)** 208
99 **Wie man sich bettet** 210
100 **Und so kommen Sie hin** 212

Fotonachweis 214

Vorwort

Liebe Leser(innen),

vielleicht sind Sie ja schon Belgien-Fan. Dann hoffe ich, dass ich noch eine ganze Menge Neues und Unentdecktes für Sie aufgestöbert habe. Mir als Belgien-Kenner ging es auf jeden Fall beim Schreiben so. Wenn Sie das Land noch nicht oder kaum kennen, so möchte ich dazu gern einen Beitrag leisten, es Ihnen vorzustellen. Oder zumindest einen oder mehrere von diesen 100 Orten, die ich ausgesucht habe, einmal zu besuchen und sich überraschen zu lassen.

100 Orte in Belgien, das sind nicht nur 100 Orte, sondern auch mehr als 100 gute Gründe, Bekanntschaft mit Belgien zu schließen, es zu entdecken, es zu genießen. Die 100 steht auch für hundertfache Einzigartigkeit – für Phänomenales, für Skurriles, für Überraschendes, für Wissenswertes und für so manchen Tipp, den selbst ich bis zu meinen Recherchen nicht kannte. Die Rubriken in diesem Buch stellen Spezielles über ganz Belgien, über Brüssel, über Flandern und über die Wallonie dar. Damit Sie neugierig werden und bleiben, gibt es die Rubrik „Wussten Sie eigentlich schon ...?“.

Das Buch erhebt keinen Anspruch, ein klassischer Reiseführer zu sein, im Gegenteil: Es soll auf lockere Art und Weise typisch Belgisches, das es zu erleben lohnt, in Wort und Bild darstellen. Sie werden staunen, was es in diesem Land so alles gibt. Blaue Wälder, die meisten Freizeitparks in Europa, die meisten Sterne-Restaurants, 2.500 Biersorten, einen weltberühmten Pfeifenraucher, zwei der schönsten Bahnhöfe der Welt, die größten Tropfsteinhöhlen Westeuropas, einen UNESCO-Weltnaturerbe-Park, 80.000 Menschen, die jedes Jahr ins All geschickt werden, den Vorgänger des World Wide Web, den besten Tierpark Europas, eine ganze Stadt vom Reißbrett, einen der größten Comic-Zeichner der Welt ...

Sie möchten noch mehr erfahren? Dann wünsche ich Ihnen viel Spaß mit den anderen Orten in diesem Buch.

Rolf Minderjahn

TRAPPIST
WESTVLETEREN
TRAPPIST
WESTVLETEREN
TRAPPIST
WESTVLETEREN
TRAPPIST
WESTVLETEREN
WESTVLETEREN
TRAPPIST
WESTVLETEREN

In Belgien spricht man auch Deutsch

1

Die Landessprachen in Belgien sind längst keine unüberwindbaren Barrieren für Besucher mehr

Belgien ist kein klassisches Reiseziel. Dennoch spielt der Tourismus in diesem Land seit jeher eine große Rolle und ist ein wichtiger Wirtschaftsfaktor. Motoren dafür sind vor allem die europäische Hauptstadt Brüssel, die flämischen Kunststädte Brügge, Gent und Antwerpen, das wallonische Lüttich, aber immer mehr auch Wandergebiete in der Wallonie (Ardennen) und in Ostbelgien.

Belgien besteht aus den Regionen Flandern (niederländischsprachig), Wallonie (französischsprachig) und Ostbelgien (mit der Deutschsprachigen Gemeinschaft) sowie der Region Brüssel (französisch- und niederländischsprachig). Die Deutschsprachige Gemeinschaft genießt eine Sonderstellung. Eine der kleinsten Regionen mit Gesetzgebungshoheit in der EU mit gerade einmal rund 77.000 Einwohnern und der ersten Amtssprache Deutsch. Ein enormer Vorteil für deutschsprachige Gäste.

Ostbelgien ist vor allem einen Besuch wert aufgrund seines einzigartigen Naturreservats und Hochmoors, des Hohen Venns und des Premium-Radwanderwegs Vennbahn. Vor allem der französischsprachige Süden Belgiens (Wallonie) bildet vermeintlich für viele deutsche Reisende eine Sprachbarriere. Alle großen Attraktionen und bedeutenden touristischen Ziele sowohl in der Wallonie als auch in Flandern bieten jedoch deutschsprachige Führungen und deutschsprachige Kommunikation an. Das war nicht immer so.

Sehr ergiebige Informationsquellen in deutscher Sprache sind die touristischen Plattformen im Internet:

www.visitflanders.com/de
www.belgien-tourismus-wallonie.de
www.ostbelgien.eu/de
www.365.be (Attraktionen und Museen in der Wallonie und in Brüssel (auch als App zum Download)

Eupen mit seinen vielen barocken Gebäuden – hier im Bild die St.-Nikolaus-Pfarrkirche – ist die Hauptstadt der Deutschsprachigen Gemeinschaft Belgiens

Gastronomie in kulinarischen Gastlandschaften

2

Vom Bruchsteinlandhaus über ehemalige Bankgebäude bis zum Surprise Truck

Schlemmen ist eine sehr angenehme Art, Belgien, seine Städte, Dörfer und Landschaften zu entdecken, die durch ihre Geschichte, ihre Kultur, ihr Brauchtum und ihr kulinarisches Erbe einzigartig bleiben. In diesem Land findet der Gast neben den exquisiten kulinarischen Verwöhneinheiten die warmherzige Atmosphäre der belgischen Gastlichkeit: einfach, rustikal, stilvoll, elegant, aber immer mit der ihr eigenen unkomplizierten Nonchalance.

In den Ardennen findet man sie noch: die Landhäuser, eine Auberge oder Hostellerie. Die Urlauber werden von passionierten Gastgebern empfangen und umsorgt. Besonders Familien sind willkommen wie in der Hostellerie La Claire Fontaine in La-Roche-en-Ardenne. Direkt an der Ourthe gelegen, 1 Hektar Park am Haus, exzellente Feinschmeckerküche, Fachwerk, Eichenbalken, Bruchstein, offene Kamine, Blick auf das Grün.

Ganz anders in Brüssel: das „Belga Queen", ein Gastro-Szene-Restaurant mit traditioneller belgischer Küche. In einer ehemaligen Handelsbank wurde die pompöse Schalterhalle mit bunter Bleiglaskuppel und Säulengalerie in einen Belle-Époque-Esstempel verwandelt – einfach umwerfend. Meeresfrüchtebar, Cocktailbar, Bierbar.

Im flämischen Antwerpen lautet der Slogan „Come hungry, leave happy" von Seppe Nobels in seinem Restaurant am Graanmarkt 13. Eine ausgezeichnete vegetarische Küche steht ebenfalls auf der Karte. Für kulinarische Flaneure stellt der Chef seinen „Culinary Surprise Truck" auf den Platz mit täglich frischem „Fast Slow Food". Auch das ist das kulinarische Gastland Belgien. Eine gute Quelle für originelle Adressen ist „Logis de Belgique". Gemäß der Philosophie ihrer Mitgliedshäuser lässt sich hier das Reisen als Lebenskunst (wieder-) entdecken.

www.logishotels.com/de
www.belgaqueen.be
www.graanmarkt13.com/restaurant

Wie eine Königin – Design- und Foodtempel „Belga Queen" im Brüsseler Zentrum, nahe der Oper

Kult(o)ur in Cafés, Tavernen oder Estaminets

3

Das Galgenhäuschen, Die Tolle Grete, Der Schnelle Tod, Das Elfte Gebot ... willkommen in Belgiens Kultkneipen

Nicht nur im flämischen Gent sind viele davon Kult. Das kleinste Café von Gent ist Café 't Galgenhuis am Groentenmarkt. In dem Einraum-Winzling können im Erdgeschoss ein Dutzend Leute sitzen, dann wird es schon eng, und auf der Etage nur sieben, weil die alte Holzdecke nicht mehr Gewicht tragen kann. Im Galgenhäuschen (ganz früher stand dahinter ein Galgenbaum) wird schon seit 1776 ununterbrochen ausgeschenkt. Vis-à-vis bietet Kultwirt Pol stolze 200 Sorten Genever in seinem „'T Dreupelkot" an. Ganz korrekt geht es im „Dulle Griet" („Tolle Grete", so wird sowohl die große Kanone von Gent genannt als auch eine Kriegsheldin und ein Brueghel-Gemälde) am Vrijdagmarkt 50 zu. Ein Gast, der ein „Kwak"-Bier bestellt (eine von 500 hier ausgeschenkten Biersorten) – ein legendäres, ehemaliges Kutscherbier, das in einem großen eieruhrförmigen Glas im Holzgestell getrunken wird –, muss als Pfand einen Schuh abgeben. Der wandert in einen Metallkorb am Seil, den der Wirt dann unter Bimmeln eines Glöckchens hoch bis unter die Decke zieht. Beim Bezahlen kommt der Schuh wieder an den Tisch zurück und das edle Glas bleibt im Lokal.

Und in Brüssel? „La Mort Subite", der schnelle Tod, so heißt auch ein bekanntes belgisches Bier, ist eine der typischsten belgischen Bierkneipen in der Stadt. Vor riesigen Spiegelflächen relaxt man auf lederbezogenen Langbänken zwischen deckenhohen Säulen. Berühmtester Gast: Jacques Brel. Oder Bier im Beichtstuhl? Das Elfde Gebod: Im Schatten der Liebfrauen-Kathedrale Antwerpens geduckt, verströmt diese älteste Traditionskneipe (von 1425) eine atmosphärische Extraklasse, vollgestopft mit sakralem Interieur und Hunderten von Heiligenfiguren.

www.galgenhuis.be
www.dullegriet.be
www.11gebod.com

Café 't Galgenhuis – In dem Einraum-Winzling können im Erdgeschoss maximal ein Dutzend Leute sitzen

Places to be – Bühnen der Lebensart

4

Belgiens grandiose Brasserien

Brüssel: Große Welt an Place de Brouckère 31: das Café Métropole im gleichnamigen legendären Hotel ist eine Rarität, ein funkelndes Juwel des Jugendstils, erbaut 1890. Das vielleicht stilvollste und eleganteste Café Belgiens, High-End-Brasserie-Küche. Terrasse zum Sehen und Gesehenwerden.

Noch eine Institution in Brüssel – das Falstaff, seit 1903. Stilvolles Interieur, sorgfältig erhaltene Pracht des Jugendstils (schöne Holzvertäfelungen mit Spiegeln, farbigen Glasverzierungen, Leuchter, original Mobiliar), lebhafte Brasserie-Atmosphäre, Gerichte von Garnelenkroketten bis hin zu Austern. Die Küche ist bis nach Mitternacht geöffnet. Markant: die riesige Terrasse mit Heizstrahlern und der Blick auf das Gebäude der Börse. Paris like.

In Ostende steht das einzige Palasthotel an der belgischen Küste – das Thermae Palace. Die hauseigene Brasserie Albert unter den königlichen Arkaden sucht ihresgleichen. Geräumiger Speisesaal, Ledersitzbänke, Spiegelgalerien, Stuckverzierungen, Kronleuchter, meterhohe Fenster, einzigartiger Blick aufs Meer und die Sonnenuntergänge. Klassische belgische Küche. Die überdachte königliche Galerie vor dem Hotel aus dem Jahr 1905 ist circa 400 m lang und bis heute ein Schutz vor Sonne, Wind und Regen. Sie erlaubt ein Flanieren bei jedem Wetter.

Das Bourla-Theater am Komedieplaats in Antwerpen, das auf seiner Beletage die Brasserie De Foyer beherbergt, wurde 1827 entworfen. Es zeigt spätklassizistische Architektur. De Foyer wurde klassisch konzipiert, mit hohen Fenstern, samtroten Vorhängen, halbrunder Kuppel mit Lüstern und Wandmalereien.

Und nicht zuletzt: In Namur steht die Brasserie François, ein Flirt des Art déco mit bourgeoiser Art de vivre.

www.metropolehotel.com/en/dining-food-and-beverage/cafe-metropole
www.lefalstaff.be
www.thermaepalace.be/nl/bistro
www.bourlaschouwburg.nu/de-foyer
www.brasseriefrancois.be

Thermae Palace in Ostende

Mund auf und probieren – Echte belgische Gaumenfreuden (1)

5

Heimatboden, lokale, traditionelle Produkte wie Rosenkohl und Chicorée – Bitte(r)schön!

Wussten Sie, dass der Rosenkohl aus Belgien stammt? Erste Belege für den Anbau von Rosenkohl gehen auf das Jahr 1587 in den damaligen Spanischen Niederlanden, dem heutigen Belgien, zurück. Der französische Name ist Choux de Bruxelles (ndl.: Spruitjes), im deutschsprachigen Raum wurde er als „Brüsseler Sprossen" oder „Brüsseler Kohl" bekannt. Typisch belgisch: Bis heute gibt es eine Bruderschaft des Rosenkohls – Confrérie de l'Ordre des Kuulkappers – im Brüsseler Stadtteil Saint-Gilles. 1985 spendierte man dem berühmten Manneken Pis eine Ordenstracht, natürlich en miniature, es war das bis dahin 390. Kostüm des kleinen Burschen.

Und noch eines ist sicher: Den Chicorée (frz.: chicon, ndl.: witloof) haben die Belgier „zufällig" erfunden. Nur wer und wo es genau war, darüber gibt es mehrere Versionen. Es heißt, der Chefgärtner des Botanischen Gartens in Brüssel suchte sich in den 1850er-Jahren eine wilde Zichorie und ließ sie Wurzeln im Dunklen austreiben. Das Ergebnis war erstaunlich. Die zarten süßlichen Blätter blieben weiß, waren fest und schmeckten. 1873 wurde er unter dem Namen Chicorée das erste Mal der Weltöffentlichkeit präsentiert. Im flämischen Kampenhout nahe Brüssel und Mechelen, dem belgischen Anbaugebiet, gibt es sogar ein Chicorée-Museum, das 2020 komplett renoviert eröffnet wird. Und wer sich von Kampenhout aus auf die Witloof-Route macht, kommt an vielen Chicorée-Höfen vorbei. Nicht verrückt, sondern lecker: Die Belgier machen aus Chicorée auch Konfitüre (Confiture de chicons/witloof confituur) ebenso wie aus Zwiebeln als süße Verführung zu Pasteten oder Wild. Erhältlich in den üppig sortierten belgischen Supermärkten oder im Feinkostladen.

www.kampenhout.be/product/511/witloofmuseum

Puristen schwören auf den bitter-süßlichen Geschmack. Je weißer der Chicorée ist, umso schmackhafter ist er. Die Ränder der Blätter müssen dabei blassgelb sein. Geschmort mit Orangenjus und zum Beispiel gebratenen Jakobsmuscheln ist er ein Genuss.

Mund auf und probieren – Echte belgische Gaumenfreuden (2)

6

Eine Nation der Nationalgerichte

Es gibt mindestens ein Dutzend belgischer Nationalgerichte. Einige der Klassiker werden hier vorgestellt.

Spargel flämische Art
Das Geheimnis: Einfache Zubereitung und hohe Qualität der Produkte. Weißer Spargel und Eier stehen für eine besonders köstliche Affäre, die durch die harmonierenden Geschmacksnuancen und die Texturen bestimmt wird. Der Spargel aus der Region der Stadt Mechelen in der Nähe von Antwerpen gilt als einer der besten. „Mechelse witte", der weiße Spargel aus der Region Mechelen, ist über die Grenzen hinaus bekannt wie auch das berühmte Mechelner Hähnchen, Mechelner Kuckuck genannt (ndl.: Mechelse koekoek, frz.: Coucou de Malines), und das mehrfach ausgezeichnete „Gouden Carolus Bier". Sehr beliebt ist noch die Variante, bei der dem Ganzen exquisiter Kochschinken – am besten ist gekochter (warmer oder kalter) Knochenschinken (frz.: Jambon à l'os) – hinzugefügt wird. Weißer Spargel wird in Belgien auch sehr gern mit Rührei und Nordseekrabben (graue Garnelen) verfeinert. Eine Delikatesse!

Carbonnade à la flamande oder Vlaamse Stoofkarbonade
Biergulasch gehört in den meisten Restaurants zu den Hauptgerichten. Die Nuancen und die Auswahl des Biers sind sehr zahlreich. Die Aromen dieses Gulaschs werden noch mit Schokolade und/oder Lebkuchen bzw. Printen verfeinert. Biersauce passt auch zu Kaninchen wie Lapin à la Gueuze (Kaninchen in einer süßlichen Sauce mit Brüsseler Lambic oder Gueuze-Spezialbier).

Waterzooi
Ein Eintopf aus Flandern, der insbesondere in der tollen Stadt Gent bekannt ist. Hauptzutat ist Hähnchen/Poularde oder seltener auch Fisch wie Kabeljau oder Zander. Porree, Möhren, Sellerie, festkochende Kartoffeln, Bouquet garni für den Sud.

www.belgourmet.be

Die Küche in Belgien neigt auch zu Opulenz

Mund auf und probieren – Echte belgische Gaumenfreuden (3)

7

Eine Nation der Nationalgerichte – Fleischklöße, die in Sauce baden

Kaum etwas passt besser zu belgischen Fritten als „Boulets liégeois". Die Bezeichnung „boulet" (Fleischkloß) hat ihren Ursprung im Wort „boulette", die man schon in der Hochantike herstellte und verzehrte. Der Ausdruck „boulet", wie er heute verwendet wird, erschien erst im 16. Jahrhundert, dank des Know-hows eines gewissen Lancelot de Casteau, der – aus Mons stammend – als Koch für gleich drei aufeinanderfolgende Lütticher Fürstbischöfe tätig war.

Das aktuelle Rezept der Lütticher Fleischklöße geht aber auf ein unveröffentlichtes und anonymes Manuskript aus dem 18. Jahrhundert zurück, das man in der Nähe von Havelange fand. Demnach werden die Fleischklöße aus gehacktem Rindfleisch und Speck hergestellt, es wird zudem erwähnt, dass die Fleischklöße noch besser schmecken, wenn sie aus Kalbfleisch zubereitet sind, das im 19. Jahrhundert als „königliches" Fleisch galt. Damals konnten sich jedoch nur wohlhabende Menschen frisches Kalbfleisch, Rinderfett und Muskatnuss leisten. Erst seit dem letzten Jahrhundert entwickelten sich Fleischklöße zum Gericht für jedermann. Sie sind ein echter Schatz der Lütticher Küche, ein Gaumen- und Augenschmaus gleichermaßen, sie verführen sowohl die Nase als auch die Papillen. Als lukullische Institution sind sie in der Lütticher Gastronomie nicht mehr wegzudenken.

Die Lütticher Fleischklöße genießt man mit Lust und Laune, denn die Sauce (sauce lapin) aus Sirup- und Sultaninen ist eine grandiose Verführerin, vor allem, wenn belgische Fritten mit im Spiel sind. Und das sind sie eigentlich immer. Die belgische Bruderschaft für Fleischklöße, „Confrérie du Gay Boulet", wurde 1992 gegründet und hat sich auf die Fahnen geschrieben, die handwerkliche Qualität der Lütticher Fleischklöße zu wahren. Jedes Jahr wird die Auszeichnung „Boulet de Cristal" (Fleischkloß aus Glas) dem Lütticher Gastronom verliehen, der das beste Fleischklößegericht zubereitet.

www.gayboulet.be

Café Lequet in Lüttich – Refugium für Lütticher Fleischklöße

Mund auf und probieren – Echte belgische Gaumenfreuden (4)

8

Eine Nation der Nationalgerichte – Graue Krevetten (Nordseegarnelen)

Über diese Delikatesse wird viel geschrieben: Ob man sie besser selbst kocht, gekocht kauft, beim Fischer oder im Fischhandel oder im Supermarkt, ob sie in Billiglohnländern gepuhlt werden oder vor Ort ... Fakt ist: Ich vertraue da meinem Gaumen, sie schmecken einfach köstlich (auch aus dem Delhaize-Supermarkt, dieser private Tipp sei erlaubt). Und ich behaupte auch frech, sie allein sind schon ein Grund, nach Belgien zu fahren. Man isst sie hier vor allem als Tomatengarnelen, in ausgehöhlten Tomaten, serviert mit einem Mayonnaisedressing, eleganter auf einem Carpaccio von Tomaten oder einfach als Fingerfood auf Schwarz- oder Graubrot mit gesalzener Butter.

Schwieriger ist es für den Gaumen schon mit den Garnelenkroketten – zum einen, weil man sich als Nichtkenner sofort an der heißen Farce die Zunge verbrennen kann. Zum anderen ist die Qualität sehr unterschiedlich. Hausgemacht sollten sie sein. In Oostduinkerke geht die Tradition des Krabbenfischens zu Pferd bis ins 16. Jahrhundert zurück, als sie noch an der gesamten Nordsee verbreitet war. Heute ist Oostduinkerke der einzige Ort weltweit, an dem dieses Metier am Leben gehalten wird. 2013 hat die UNESCO das beeindruckende Schauspiel auf die Liste des immateriellen Kulturerbes gesetzt.

Höhepunkt der Fischereisaison ist das Krabbenfest, das am letzten Wochenende im Juni stattfindet. Ein Tipp: Das „Oesterput" in Blankenberge, ein Traditionslokal, das Piet Devriendt bereits in vierter Generation führt. Was 1885 als Großhandel für Fisch und Schalentiere begann, hat heute als Fischrestaurant Kultstatus. Im authentischen Ambiente der Lagerhalle werden alle Speisen – von den Garnelenkroketten bis hin zu den Tomatengarnelen – nach alten Familienrezepten zubereitet.

www.oesterput.com

Krabbenfischer in Koksijde

Mund auf und probieren – Echte belgische Gaumenfreuden (5)

9

Schinken-Schlemmer-Tour

Sein Aroma ist betörend würzig, die frische dunkelrote Farbe der zarten Scheiben verführerisch. Man isst ihn am besten dünn geschnitten nur mit Brot und Butter – den Original Ardenner Schinken, denn er verleiht ein reines Geschmackserlebnis. Die Ardennen sind durch karge Höhenzüge (bis zu 690 m NN), tiefe Täler und dichte, unwegsame Wälder geprägt. Der schieferhaltige Boden und ein raues Klima mit harten Wintern hatten den Bewohnern früher nicht viel zu bieten. Das Räuchern von Fleisch war die einzige Chance, über die Winter hinweg Produkte haltbar zu machen und das Überleben zu sichern. Die über tausendjährige Tradition der Schinkenräucherei bewährt sich noch heute.

Der Ardenner Schinken ist ein Produkt aus dem Zusammenspiel der Natur, des Klimas, der Zeit und der uralten Handwerkskunst der Schinkenhersteller. Die Montenauer Schinkenräucherei in Ostbelgien ist ein Familienbetrieb, der mit traditionellen handwerklichen Methoden Ardenner Schinken herstellt. Besucher können vor Ort bei Führungen (auch in Deutsch) die Produktion besichtigen und einiges über die berühmten Montenauer Produkte lernen.

Schinkenhochburgen: In La Roche gibt es eine ganze Phalanx an Metzgereien mit original Räucherwaren. Die Edelmetzgerei Bouillon & Fils in La-Roche-en-Ardenne produziert seit 1955. In den Metzgereien des Ardennenstädtchens St. Hubert werden seit Generationen Ardenner Wurst- und Schinkenspezialitäten hergestellt, zum Beispiel von Marcassou oder Coeur d'Ardenne. Auch in Bastogne duften die Ardenner Wurstspezialitäten um die Wette, bei Grégoire, Courtois oder im Musée de Cochon, einem Kuriosum (Metzgerei mit Mini-Museum des Schweins). In Flandern genießt man auch hervorragenden rohen Schinken wie den Breydel und den Ganda.

www.montenauer.be · www.maison-bouillon.be
www.marcassou.be · www.breydel.be
www.ganda.be

Trockenpökeln oder in der Salzlake, traditionelles Räuchern über Buchenholz mit Wacholderbeeren und der mindestens viermonatige Reifeprozess ergeben einen herkunftszertifizierten Ardenner Schinken (AOC)

Mund auf und probieren – Fladen, Printen, Waffeln ... (6)

10

Belgier sind wahre Meister im Backen

Die Wallonen sind wahre Meister im Backen. Und sie lieben ihre Traditionen. In Wallonisch-Brabant beispielsweise, in Nivelles, der Stadt der Heiligen Gertrudis, wird den Bäckern des berühmten warmen Salzkuchens Tarte al Djote aus Käse und Mangold alljährlich ein Qualitätslabel in Form von Sternen verliehen. Die Couques de Dinant sind eine Art Printengebäck aus einer raffinierten Mischung von Weizenmehl und Honig. Die traditionelle Kunst (bereits im 15. Jahrhundert bekannt) der besonderen Backtechnik bleibt das Geheimnis der Couques de Dinant. Sie werden verziert mit Motiven u.a. der Dinanteser Geschichte. Die Figuren stammen von Holzformen aus Birnbaum, Nussbaum oder Buche.

In der Altstadt von Lüttich befindet sich einer der letzten echten Waffelbäcker, der noch traditionell arbeitet: Eric Michaux mit seinem winzigen Laden „Une Gaufrette Saperlipopette“ in der Rue des Mineurs. Der Legende nach wurden die Lütticher Waffeln vom Koch des Fürstbischofs von Lüttich im 18. Jahrhundert erfunden. Auf die Bitte, ein Gebäck unter Verwendung von großen Stücken Hagelzucker zu kreieren, mischte der Koch einen Brioche-ähnlichen Teig mit viel Hagelzucker. Diesen bereitete er dann in einem Waffeleisen zu. Schon der Geruch nach Vanille, der beim Backen entstand, gefiel dem Fürstbischof sehr, und das Rezept wurde zur Spezialität der Lütticher Region. Das Geheimnis der Lütticher Waffel ist der Geschmack des karamellisierten groben Hagelzuckers im Teig.

Die Brüsseler Waffeln, das sind 20 Quadrate im Muster vier mal fünf, die die originalen Brüsseler Waffeln auszeichnen. Max, im Herzen des historischen Zentrums von Gent gelegen, nur ein paar Schritte von der St.-Bavo-Kathedrale mit dem weltberühmten Genter Altar der Gebrüder Van Eyck, ist ebenfalls ein Waffelbäcker, der noch handwerklich unterwegs ist. Yves van Maldeghem ist die sechste Generation in dieser Familie der Waffelbäcker. Weltberühmt für Spekulatius, Madeleines und Waffeln ist das Maison Dandoy in Brüssel (seit 1829).

www.maisondandoy.com · www.verviriz.be

„Niemals zum Sattessen, aber immer zum Vergnügen", heißt die Devise der Bruderschaft des legendären Reisfladens in Verviers. Der blanque dorêye, wie er im Vervietoiser Dialekt heißt, zergeht zart-cremig auf der Zunge und enthält nur beste Zutaten (www.auvieuxtancremont.com).

Mund auf und probieren – Die belgische Patisserie ist Weltspitze (7)

11

Jean-Philippe Darcis – Multitalent in Sachen Naschereien

Der mehrfach ausgezeichnete Chocolatier Jean-Philippe Darcis ist ein Multitalent in Sachen süßer Kreationen. Es geht vom feinen Gebäck bis zur dichten, starken Schokolade, von köstlicher Eiscreme bis zum im Mund zart schmelzenden Javanais. Er ist vor allem Pionier in der Herstellung der typischen „Macarons". Zwischen einer Baiser-Doppelscheibe aus Mandelpulver, Zucker und Ei schmiegt sich eine zarte Ganache oder Buttercreme. Die belgische Patisserie ist Weltspitze.

Wie wäre es mit einem Javanais? Biskuitteig mit Marzipan, Buttercreme mit Schokolade, von einer Schokoladenganache bedeckt und dekoriert mit Schokoladenstückchen? Das ist nur eine Variante. Oder die Merveilleux (dt.: Die Wunderbaren), hergestellt auf Basis von mit Crème fraîche gefüllten Meringuen, abgerundet mit Schokoladenpailletten und einer Sahnehaube. Nur zu!

Was wäre Belgien ohne seine Frangipane, ein Mandelkuchen? Denn die Belgier lieben Mandeln. Die bekannteste Form ist der Frangipane, der eine Bohne enthält. Er wird zum Dreikönigsfest am 6. Januar gegessen. Wer die Bohne findet und nicht gleich mit verschluckt, darf sich eine goldene Krone aufsetzen. In welchem Land, außer in Belgien, könnte man für eine solche Köstlichkeit einen so schaurigen Namen erfinden wie bei der Misérable: feiner Mandelbiskuit mit Buttercreme mit Vanillegeschmack, einfach, pur und so lecker.

Der bereits erwähnte Jean-Philippe Darcis besitzt ein eigenes Schokoladenmuseum, mit Schokoladenmanufaktur und angeschlossenem Showroom, Café und Boutique in Verviers, wie es für den Botschafter belgischer Schokolade (ein Ehrenamt auf Lebenszeit) standesgemäß erscheint. Die meisten dieser Herrlichkeiten findet man hier auf einem Fleck. Warten Sie es nur ab – wenn sie können!

www.darcis.com
www.patisseriejeanpierre.be

Ebenfalls in der grenznahen Provinz Lüttich sind die Patisserie- und Backboutiquen von Jean-Pierre besondere Adressen, an denen man nur schwer vorbeikommt

Mund auf und probieren – Echte belgische Gaumenfreuden (8)

12

Eine Nation der Nationalgerichte – Fritten

Über belgische Fritten werden ganze Kolumnen geschrieben. Es gibt sogar ein Frittenmuseum in Brügge. Man spricht von rund 5.000 Frituurs oder Friteries in ganz Belgien. Die kurze Vita einer belgischen Fritte: 1 – Geschnitten wird sie aus einer mehlig kochenden Kartoffelsorte, der Bintje; auf diese und nur auf diese Sorte schwören die belgischen Frittierer. 2 – Sie badet dann in Rinderfett, dem Blanc de Boeuf (die französische Bezeichnung ist mittlerweile überall zur Marke geworden), einmal und noch ein weiteres Mal einige Minuten später. Nur dann erhält sie außen einen herrlichen goldgelben Crunch und wird innen zart, flaumig, Püreeähnlich wie in einer hervorragenden handgemachten Krokette. Manche schmecken auch ein Haselnussaroma heraus, das vom Rinderfett kommt. 3 – Ach ja, und mindestens ein bis zwei Dutzend verschiedener Saucen hätte sie gern zur Wahl. Dann lässt sie sich gerne vernaschen.

Natürlich gibt es bei Frittenbuden Berühmtheiten wie die Maison Antoine in Brüssel, wo EU-Politiker Schlange stehen. Oder die Frituur Number One und das legendäre Fritkot Max am Groenplats in Antwerpen. Und sogar Küchenhero Sergio Herman, einer der höchstdekorierten Köche in Europa, serviert in seinem Antwerpener „Frites Atelier" Pommes de Luxe.

Nur Fritten-Solos? Mitnichten. Mit welch einer Hingabe gesellen sie sich zu einem Steak oder zu Muscheln! Moules frites, ein Nationalgericht in Belgien, ist ein absoluter Klassiker. Anne-Marie Stas steht bereits in vierter Generation an den großen Muscheltöpfen in der offenen Küche im Restaurant Stas-Dejong am Grote Markt 29 im belgisch-limburgischen Tongeren. Diese Institution besteht bereits seit 1932. Die Topqualität der „Goudmerk"-Muscheln ist über die Grenzen hinaus bekannt. Jeden Tag werden die Muscheln frisch geliefert, auch sonntags, und das seit Beginn an vom selben Lieferanten.

www.fritesatelier.com/de/antwerpen
www.frituurstasdejong.be

Für Liebhaber dieser köstlichen Schalentiere in Verbindung mit ihren knusprigen Kompagnons, den Fritten, ist Stas unumgänglich. Und gegen den Duft und den Geruch von Fritten und Muscheldampf hat Madame ein probates Mittelchen aus Deutschland parat: Kölnisch Wasser.

Köstliche Angelegenheit

13

Belgisches Bier mit Käse ... oder mit Schokolade

Wussten Sie, dass nicht nur Wein, sondern auch Bier perfekt zu Käse passt? In den meisten belgischen Kneipen oder Bistros werden zu einem dunklen Abteibier immer Käsewürfel oder gesalzene Snacks serviert. Die Aromen und Geschmäcker der belgischen Biere bieten eine enorme Vielfalt. Süß, sauer, bitter und in all deren Kombinationen, Intensitäten und Raffinessen. Dazu kommen würzige, rauchige, malzige und fruchtige Noten, Karamell, Honig, Pfirsich, Aprikosen und Orange, die den besonderen Kick an den Gaumen bringen. Was im Bier fehlt, ist die salzige, herzhafte Komponente. Doch hier weiß man sich in Belgien schon lange zu helfen. Wer hat's erfunden?

Bier ist sehr gut verdaulich, das lässt den Käse weniger schwer wiegen. Säurebetonte, trockene und nachgärenden Biere stimulieren die Papillen am besten, entweder als schöne Harmonie zum Käse oder als interessanter Kontrast. Bier und Käse passen nur, wenn das eine das andere nicht überlagert. Da macht Probieren richtig Laune: Ein helles, herbes belgisches Bier wie das St. Feuillien mit einer ausgeprägten Bitternote von Hopfen trifft auf einen pikanten Herver Käse. Oder ein Triple mit floralen und fruchtigen Noten vermählt sich mit einem würzigen Gorgonzola. Klassiker dagegen sind schon bernsteinfarbene Biere in Begleitung von authentischem altem Gouda. Und nicht zu vergessen: Chimay Trappiste zu Chimay-Käse oder Orval Trappiste zu Orval-Käse.

Und noch etwas. Wenn Sie ein Stück Schokolade zu einem Schluck Bier naschen, werden Sie sofort feststellen, dass es eine wunderbare gaumenschmeichelnde Allianz zwischen diesen beiden gibt. Das Stout mag Kaffeeschokolade oder Gewürze; Vollmilchschokolade passt sehr gut zu einem Abteibier. Wenn Sie Fruchtbiere mögen, seien Ihnen Pralinen mit einer Ganache von derselben Frucht empfohlen. Oder Bierpralinen!

Passt gut zu Bier – Herver Käse ist einer von 300 Sorten in der Wallonie und AOP ursprungszertifiziert, eine Seltenheit in Belgien

132 Sterne-Restaurants (2019) in Belgien

14

Die Dichte an exzellenten Küchen ist rekordverdächtig

Leger und gut genießen ist eine Philosophie bei unseren Nachbarn – für jeden Geldbeutel. Und das nicht nur zu besonderen Anlässen oder an Feiertagen. Kaum anderswo findet man – selbst in kleinsten Orten – so viele Metzgereien, Bäckereien, Patisserien und Traiteure (Feinkostläden) auf engstem Raum, neben Bistros und Restaurants, in denen die Meister am Herd aus diesen Produkten unnachahmlich gute Gerichte kreieren. Die Genusskultur wird von den belgischen Köchen zur hohen Kunst erhoben, vom Landgasthof bis zum Sterne-Restaurant. Die hervorragende Spitzengastronomie wird dort nicht nur von betuchter Klientel frequentiert.

Ein anderes Indiz für die beispiellos intensive Neigung der Belgier zur guten Küche: In den Nachbargemeinden St. Vith und Waimes sind drei Restaurants mit einem Michelin-Stern gekrönt worden: „Zur Post", „Quadras" und „La Menuiserie". Und dies bei einer Einwohnerzahl der beiden Städte von zusammengenommen nicht einmal 20.000.

Brüssel und Flandern waren schon immer gespickt mit Sterne-Restaurants. Die Spitzenklasse der wallonischen Restaurants war bisher über die Landesgrenzen hinaus eher weniger bekannt. Das möchte die Generation W (W für Wallonie) ändern, eine Initiative von aktuell 22 hochdekorierten Sterneköchen. Sie haben die Förderung der Identität der wallonischen kulinarischen Kultur als Credo mit auf ihre Speisenkarten geschrieben. Ziel: die Kreativität aller Protagonisten, die Menschen und das Know-how, die hinter den regionalen Produkten stehen, sowie das Terroir, den Heimatboden, bekannter zu machen. Feinschmecker aus anderen Ländern gewinnen so einen Überblick darüber, welches Potenzial in der wallonischen Gastronomie steckt, was die Köche und ihre regionalen Lieferanten auszeichnet – und natürlich, wo man hervorragend essen kann.

www.generationw.be

www.en.resto.be/guide-michelin-restaurants-etoiles

Seit Jahrzehnten eines der besten Häuser Belgiens: das Restaurant Château du Mylord in Ellezelles (Hennegau)

Gueuze hat Liebhaber (-innen) in der ganzen Welt

15

In Brüssel und Umgebung ist das „Lambic" zu Hause, ein Bier aus natürlicher Gärung

Sein Geheimnis: „Brettanomyces Bruxellensis“ und „Brettanomyces Lambicus“, wilde Hefepilze, die nur in Vlezenbeek wachsen, im Brüsseler Umland. Es gilt als eines der wenigen Biere weltweit, die in Spontangärung entstehen, und es ist unzweifelhaft das älteste aktuell noch gebraute Bier dieser Art. Seine Geschichte geht bis ins Jahr 1559 zurück. Es ist eher bekannt unter seinen Mischformen, dem Gueuze, dem Faro und dem Kriek.

Das Lambic wird durch Zufügen von Obst zu einem fruchtigen und süßen Bier wie etwa das „Kriek“, das sich durch Kirschen verfeinert zu einem erfrischenden, fruchtigen Getränk mit einem besonderen Vorzug entwickelt. Gueuze gilt als „belgischer Champagner“ unter den Bieren der Welt. Die flämische Firma Lindemans ist neben Cantillon die wohl bekannteste Marke für belgische Fruchtbiere, die weltweites Renommee genießen. In den schicken Bierbars von Manhattan zahlen Kenner gut und gern mehr als 20 Dollar für eine Flasche belgisches Gueuze. Dieses Bier zu trinken ist schon ein Gaumenkitzler, vor allem im Sommer, weil es erfrischt und nicht viel Alkohol enthält (die meisten Sorten unter 4 Prozent). Doch es eignet sich auch hervorragend in der Küche und als Dessert!

Gießen Sie in einer Schale mit einer Kugel Vanilleeis zum Beispiel das „Lindemans Pecheresse“ an – ein klassisches Fruchtbier mit Pfirsichgeschmack. Ein Kriek-Kirschbier lässt sich beispielsweise wunderbar mit Zucker in der Eismaschine für ein Sorbet mischen. Dazu eine Kugel Schokoladeneis oder eine Mousse au Chocolat – und schon herrscht eine perfekte Harmonie, denn zum Kirschbier passt Schokolade hervorragend. „In de Verzekering tegen de Grote Dorst“ (Versicherung gegen den großen Durst) im flämischen Eizeringen gibt es eine der weltgrößten Auswahlen an Kriek und Gueuze. Die Kneipe ist Kult und über 175 Jahre alt. Eine Ikone, die nur sonntags von 10 bis 20 Uhr geöffnet hat.

www.dorst.be/welkom

www.lindemans.be

Sogenannte Gueuze-Biere sind ein kulinarisches Kulturgut Belgiens. Sie werden in fast allen Kneipen ausgeschenkt.

Das Trappiste – Edles aus dem Kloster

16

Mit dem Rad zu den Trappisten

Es prickelt wie Champagner, sein Aroma belebt die Sinne, in Maßen genossen ist es Ausdruck einer gewissen Lebenskunst. Belgiens berühmte Trappistenbiere sind wahrhaft frommer Herkunft und werden von Kennern als „Geschenk des Himmels“ bezeichnet. Sechs Trappistenklöster liegen in Belgien: Westvleteren, Westmalle und Achel in Flandern sowie Orval, Chimay und Rochefort in der Wallonie. Die Bezeichnung „Trappiste“ ist strengstens geschützt und kontrolliert. Dafür bürgt die „Internationale Trappistenvereinigung“, die eigens dafür das Label „Authentic Trappist Product“ ins Leben gerufen hat. Nur die Biere, die in einer Zisterzienserabtei unter den wachsamen Augen der dort lebenden Mönche gebraut werden, dürfen die Bezeichnung „Trappiste“ tragen. Die Gewinne, die die Brauereien erzielen, dienen dazu, soziale Zwecke zu unterstützen.

Die charakteristischen Trappistenbiere sind obergärige, meist dunkle und starke Biere, die seit Generationen nach traditionellen handwerklichen Methoden hergestellt werden. Das Trappistenkloster Sint Benedictus (auch Achelse Kluis genannt) liegt in Achel in Belgisch-Limburg, recht nah an der deutschen Grenze. Die Abtei befindet sich auf niederländischem und belgischem Boden zugleich. Da sich das Eingangstor aber auf belgischer Seite befindet, ist Achel offiziell belgisch. Mit Unterstützung anderer Trappistenklöster wie Westmalle ist hier eine weitere Braustätte des außergewöhnlichen Biers entstanden. Es gibt vier Sorten Achel Trappiste, zwei helle und zwei dunkle.

In Achel ist das Kloster dem Tourismus geöffnet. Biere und andere Spezialitäten (u. a. Trappisten-Eis) werden in einer Brasserie und einem kleinen Supermarkt angeboten, die direkt zum Kloster gehören. Der Treff – die große Terrasse inmitten der restaurierten ehemaligen Wirtschaftsgebäude – ist ideal auch als Rastplatz für Radfahrer (verschiedene Routen führen hier vorbei).

www.chimay.com/lespace-chimay

Achel-Trappistenbier ist eine Reise wert!

Botschafter Schokolade

17

Eine Nascherei von Weltruf kommt aus dem Nachbarland

Schon die Präsentation der Verpackungen, der Farben, die Dekorationen der Geschäfte, die Formen und Variationen der Pralinen und Schokoladen – alles verführt die Sinne, und das Vorbeigehen an diesen Genussinseln fällt schwer. Aktuell gibt es mehr als 320 Chocolatiers in Belgien: Neuhaus, Godiva, Marcolini, Mary, Del Rey, The Chocolate Line by Dominique Persoone, Belcolade, Leonidas, Daskalides, Corné Port Royal, Guylian, Café-Tasse, Galler, Newtree, Dolfin, Starbrook Airlines, Belvas, Chocolat Essentiel, Chocolaterie Delvaux, Renardy, Laurent Gerbaud, Benoit Nihant, Zaabär, Van Dender, Chocolatier Dumon, Debailleul, Wittamer, Darcis und Chocolatier M, um nur einige zu nennen.

Ihre Schokoladenkreationen sind wie Grand Crus – von solcher Qualität, dass sie auf der ganzen Welt den feinsten Geschmacksnerven schmeicheln und Leckermäuler in Entzücken versetzen. Schokolade von grandioser Feinheit, die sich nicht damit begnügt, hochzart schmelzend im Mund zu zergehen, sondern zudem im Abgang am Gaumen einen nicht enden wollenden Genuss bereitet. So fein wie es ein Mouton Rothschild nicht besser könnte!

Belgien und Schokolade, das ist eine lange Liebesgeschichte, die bis heute anhält. Man findet bereits 1635 in den Archiven der Abtei von Baudeloo in Gent Hinweise darauf, dass Schokolade gekauft wurde und als Geschenk diente. Die belgische Schokolade zeichnet sich durch ihre edlen Bestandteile aus. Es werden nur natürliche Zutaten verwendet: Milch, Butter, Zucker. Außerdem enthält sie zu 100 Prozent Kakaobutter, das A und O für hochwertige Schokolade. Das größte Schokoladenwerk der Welt steht in Wieze. Barry Callebaut ist der weltgrößte Lieferant von industriell gefertigter Schokolade, rund 270.000 Tonnen jährlich. Das Unternehmen hatte die bahnbrechende Idee, die Schokoladenkuvertüre in warmem, flüssigem Zustand zu lagern und mit Tankzügen auszuliefern.

Die wahren Botschafter belgischer Schokoladenkunst sind die kleinen und mittleren Konfektkünstler: Aromentest im Schokomuseum von Jean-Philippe Darcis

Pralinen – Nur im Ballotin

18

Eine Erfindung verändert im Jahr 1912 die Welt der Schokolade

Man findet 1635 in den Archiven der Abtei von Baudeloo in Gent Hinweise darauf, dass Schokolade gekauft wurde und als Geschenk diente. 1735 ist im „Journal des amusements“ zu den Badekuren von Spa zu lesen, dass die Gäste einer Tafelrunde der nach dem Mahl servierten Trinkschokolade ein wenig Opium beigemischt haben, um einen lästigen Gast loszuwerden. In diesem 18. Jahrhundert, der Zeit der Aufklärung, schreibt Karl von Lothringen dem Hof der österreichischen Niederlande den Verzehr von Schokolade vor, die er selbst allzu gern aß. Das Pfund Kakao kostete in dieser Zeit 35 bis 50 Sous – ein Arbeiter verdiente 8 Sous am Tag!

Das 19. Jahrhundert war die Zeit der Pioniere. 1840 kündigte die Firma Berwaerts den Verkauf von Schokolade in Form von Tafeln, Plätzchen und kleinen Figuren an. Ein Dutzend Schokoladenfabrikanten ließ sich während der Regierungszeit von Leopold I. nieder, wie zum Beispiel Joveneaux und Delannoy in Tournai (1847–1848) oder Neuhaus und Senez-Sturbelle in Brüssel (1857–1860).

Im 20. Jahrhundert erreichte dann die belgische Schokoladenherstellung ihren Höhepunkt. Mindestens 50 Schokoladenfabrikanten waren zu Beginn des Jahrhunderts im Land tätig.

Es galten bereits strenge Maßstäbe. So legte man nicht nur besonderen Wert auf eine hohe Qualität der Kakaobohnen und des Zuckers, sondern auch auf ein sorgfältiges Rösten, Brechen und Mahlen der Bohnen und auf einen bestimmten Mindestgehalt an Kakao – vor allem aber auf ein exzellentes technisches Know-how und Können.

Eine Erfindung veränderte im Jahre 1912 die Welt der Schokolade grundlegend – die Praline. Sie ist auch Jean Neuhaus zu verdanken, der seine Produktionsstätte 1857 an der Königin-Galerie in Brüssel errichtete, wo er noch heute mit einem der nobelsten Geschäfte Augenweide und Gaumenschmaus gleichermaßen ist. Hier soll auch die passende Verpackung zum ersten Mal kreiert worden sein: das Ballotin, die Pralinenschachtel. Pralinen ohne Ballotin – für Kenner kaum vorstellbar!

Pralinenauslage

Bocholt – Das größte Brauereimuseum in Europa

19

Die Belgische Bierkultur ist seit 2016 Weltkulturerbe

Das Bocholter Brauereimuseum in Belgisch-Limburg hat seinen Ursprung in einer der ältesten Familienbrauereien Belgiens. Seine erstaunliche Sammlung, die von Jean Martens gegründet wurde (1919), erzählt schon seit 1979 von der echten Bierkunst im Laufe der Industriegeschichte ab 1758 bis zum heutigen Tag. Das Museum mit nicht weniger als 4.000 m² Fläche ist das größte Brauereimuseum in Europa. Dies alles in einer industriearchäologisch bedeutsamen Architektur, geprägt von acht Generationen reicher Brauereigeschichte.

Fast 2.500 verschiedene Sorten Bier und weit über 200 Brauereien machen Belgien zur Großmacht in Sachen Hopfen und Malz und ihre Kunst nun auch zum Weltkulturererbe. Von einem wahren Erfindungsreichtum zeugen die unterschiedlichsten Geschmacksrichtungen, vor allem in den kleinen, kreativen Mikrobrauereien. Neben den weltweit führenden untergärigen Bieren wie dem Pils, gehen aus der Liebe zum Gerstensaft die Obergärigen und vor allem die Spezialbiere wie die Abteibiere oder die fruchtigen Saisonbiere hervor.

Auf raffiniert abgestimmte Bouquets vieler verschiedener Sorten können die Belgier stolz sein. Zu den obergärigen Bieren zählen die bernsteinfarbenen Biere oder „Belge spéciale“ ebenso wie die trüben und Durst löschenden Weißbiere. Die obergärigen, meist starken Abteibiere, die das weltweite Renommee der belgischen Brauherren mitbegründen, sind helle, doppelte (double), dunkle und dreifache (triple) Abteibiere, je nach Rezept, Gärung und Malzgehalt. Sie gären in der Flasche nach und werden in Lizenzen von weltlichen Brauereien produziert. Eine Ausnahme sind die besonders beliebten Trappistenbiere, die „Kultstatus“ erlangt haben. Die prickelnden und fruchtigen Saisonbiere werden teilweise noch in Familientradition gebraut wie bei Cantillon in Brüssel.

www.bocholterbrouwerijmuseum.be
www.brugesbeermuseum.com
www.vaudree.be
www.beermuseum.be

Weltbekannt sind die Trappistenbiere wie das von Orval

Mariä Himmelfahrt in Belgien

20

Ein Feiertag im wahrsten Sinne des Wortes

Outremeuse, das Lütticher Viertel der Traditionen, der Kuriositäten, der Typen, ist schräg und bunt, nennt sich selbst burlesk „Freie Republik Outremeuse“. Wallonisches Brauchtum und Sprache werden in Outremeuse gepflegt. Ganz besonders intensiv, wenn die Puppen tanzen, im Tchantchès-Museum, einem Marionettentheater in der Rue Surlet 6, das am Mariä-Himmelfahrts-Tag (15. August) einem Wallfahrtsort gleicht (die Puppe Tchantchès ist so etwas wie das Lütticher Maskottchen).

Für die Festtage (14. bis 16. August) sind die vielen Wandkapellen mit Statuen der Jungfrau Maria geschmückt und erleuchtet. Am 15. August gegen 15 Uhr startet dann das Defilee der Riesen, allen voran Tchantchès und Nanesse als gut 4 m hohe Riesenpuppen. Mit von der Partie: Der Heilige Lambertus, Pfeifenraucher Kommissar Maigret, der Lütticher Komponist Grétry und die Schöne Helene. Dazu Soldaten in napoleonischen Uniformen und Spielmannszüge.

Kulinarisch geht es am 15. August in Malmedy zu. Wie eine Garde reihen sich die Köche mit ihren hohen blitzweißen Hauben und den riesigen Kochlöffeln um eine überdimensionale Bratpfanne von 4 m Durchmesser. Sie braten das „Omelette géante“ aus circa 10.000 Eiern. Diese Leckerei wird anschließend an die Zuschauer kostenlos verteilt.

Aufs Wasser geht es in Dinant. Eine sportlich-folkloristische Veranstaltung ist das Badewannenrennen. Eine Rallye in lustig dekorierten Wannen über die Maas. Der jährliche Rubensmarkt in Antwerpen, der immer am 15. August auf dem Grote Markt und in den umliegenden Straßen und Gassen stattfindet, ist etwas Besonderes. Die Händlerinnen und Händler sind in Trachten aus dem 17. Jahrhundert gekleidet und präsentieren sich an festlich dekorierten Ständen. Es gibt nicht nur Trödel und Antiquitäten, sondern auch Kunst und viele Geschenkartikel zu erwerben, außerdem Blumen und regionale Produkte. Die Atmosphäre des 17. Jahrhunderts soll spürbar werden, was angesichts der originellen Kostüme und der Kulisse nicht schwerfällt.

Riesen im Trubel beim Fest der „Freien Republik Outremeuse

Belgien surreal

Das ist keine Pfeife und dies ist kein Maschinengewehr

21

In der Heimat des berühmten Surrealisten René Magritte (1898–1967) mutet so manches skurril an. Ein Zufall? Sein bekanntestes Bild zeigt eine Pfeife mit der Unterschrift „Das ist keine Pfeife“. Auch im Alltagsleben begegnet dem Touristen so manches mit Schmunzelfaktor. Wussten Sie, dass die Belgier Maschinengewehre und Pistolen essen? Mitraillette (Maschinengewehr) ist das belgische Pendant zu Gyros komplett, nur in einem halben Baguette. Dies wird der Länge nach gefüllt mit Wurst oder Fleischeinlage und vor allem mit Fritten als Oberschicht plus Saucen nach Wahl. Warum es diesen Namen trägt, ist nicht überliefert. Vielleicht liegt es daran, dass man es, ob der Größe, auf dem angewinkelten Arm halten muss, einem Maschinengewehr gleich. Bei Facebook wurde nach den fürchterlichen Anschlägen in Brüssel 2016 quasi als Kampfansage sogar gepostet: „Maschinengewehre? Haahh, die essen wir Belgier!“

Viele Namen und Bezeichnungen beispielsweise für Geschäfte oder deren Produkte sind sehr einfallsreich und oft salopp. So kommt auch ein pistolet (Pistole), ein Baguettebrötchen, auf den Tisch. In einer bekannten Metzgerei in Lüttich steht auf der Fensterscheibe: „Ici tout est bon“ („Hier schmeckt alles gut“), das muss man sich erst einmal trauen. Eine ebenso bekannte dortige Waffelbäckerei (darüber mehr auf Seite 32) hat sich einen gereimten Namen zugelegt: „Une gaufrette saperlipopette“ (Eine Waffel, zum Donnerwetter). Ein schönes Omen.

Auch skurril: In Metzgereien nennt man exquisite Kalbs- oder Rinderrouladen im Französischen „oiseau sans tête“ (Vogel ohne Kopf), im Flämischen „blinde vink“ (blinder Fink). Und bei ihrem Heiligtum, dem Bier, setzen die Belgier dem Ganzen noch den Korken auf: Réveille la bête en toi (Wecke die Bestie in dir), Slaapmutske (Schlafmütze), La Mort Subite (Der schnelle Tod) oder Delirium Tremens heißen sie. Doch Achtung: Immer mit Bedacht genießen!

Typisch belgisch: „Hier schmeckt alles gut“ steht auf der Fensterscheibe

Wäsche, Möhren, Pflasterstraßen und Weißblechdosen

22

Für fast alles ein Museum

In Belgien gäbe es für fast alles ein Museum, sagen manche. Die folgenden Kuriositäten können das in der Tat vermuten lassen. Wie haben unsere Großmütter und Urgroßmütter Wäsche gewaschen? Warum taten sie das nur einmal im Jahr? Welche Produkte verwendeten sie? Und wer ist der Vorfahre des Bügeleisens? Antworten gibt das Musée de la lessive in Spa, das sich der Entwicklung der Waschtechniken von der Antike bis in die Gegenwart widmet. Alte Waschmaschinen in Betrieb, die Nachbildung eines Waschhauses, Bügelmethoden, die Geschichte der Seife.

Möhren im Paternoster: In Eynatten-Berlotte steht das weltweit wahrscheinlich einzige Möhrenmuseum. Winzig klein, aber besonders. – Kaum zu glauben – Das Museum der Straße: In Henri-Chapelle erwartet Neugierige eines der ungewöhnlichsten Museen der Region: das Straßenmuseum. Na ja, ein Museum ist übertrieben, aber dazu neigen die Belgier nun mal. Das Museum ist Teil von „La Couronne", ein denkmalgeschütztes Gebäude (heute Hotel). Es geht um die Geschichte der Chaussée Charlemagne. Im Freien legten die Einwohner sechs rechteckige Pflasterparzellen in verschiedenen Stilen der jeweiligen historischen Epochen an. Aus Zeiten der Römer, Karls des Großen, des Lütticher Fürstbischofs Notger, der Königin Marie-Thérèse, Napoleons und König Alberts I.

Das Museum der lithografierten Weißblechdosen: In Grand Hallet, nahe Huy, steht ein Kabinett der Kuriositäten, das auf Voranmeldung zu besichtigen ist. Mehr als 59.000 Dosen aus Weißblech mit Lithografiedruck aus aller Herren Länder sind liebevoll zusammengestellt worden. Man macht sich kaum eine Vorstellung von dieser immensen Anzahl von Objekten, bis man die einzelnen Räumlichkeiten gesehen hat, die mehrere Gebäude füllen. Madame Dardenne steht seit 1993 im „Guinness-Buch der Rekorde".

www.spatourisme.be/fr/musee-de-la-lessive-0

In einer alten Trafostation in Eynatten aus dem Jahr 1911 sind die Exponate rund um die Möhre ausgestellt. Sie werden mit einem Mini-Paternoster auf- und abgefahren, wie man es durch ein Fenster bestaunen kann.

Urlaub einmal anders – eine Villa im Grünen

23

Ferienhäuser in den Ardennen

Ein Anruf genügt, um den Ankunftstermin zu bestätigen, dann noch die Checkliste prüfen und ab geht es gen Süden, in die Ardennen nach Paliseul. Diese Region ist geheimnisvoll, sagenumwoben, authentisch und genussvoll. Viele Freizeitaktivitäten in urwüchsiger Landschaft stehen auf dem Programm und ein außergewöhnliches Feriendomizil wartet – eine Villa auf dem Land (interessant auch für den Urlaub mit Hund).

Online aussuchen und buchen kann man solche Unterkünfte beim Ferienhausanbieter Ardennes-Etape in Stavelot. Die Verwalterin empfängt ihre Gäste auf dem Grundstück und gibt eine Einweisung in die Haustechnik. Ein so großes und komfortables Haus will erst einmal erkundet werden; die Kinder platzen vor Neugierde auf das Hallenbad im Keller, das sofort in Augenschein genommen wird. Pool, Jaccuzzi und Rotlichtsauna, Duschen und Umkleiden. In der mit viel Detailliebe eingerichteten Villa herrschen warme Farbtöne vor: braun, grau, dunkelrot. Gestreifte Tapeten, hohe Decken und Sprossenfenster. Im Wohnzimmer laden Ledersofas und ein offener Kamin zu romantischen Fernseh- oder Leseabenden ein. In der großen Küche mit frei angeschlossenem Essraum können alle mühelos miteinander kochen und an der langen Tafel gemeinsam essen.

Das Haus ist bequem von bis zu acht Erwachsenen plus Kindern zu bewohnen. Es verfügt auf der ersten Etage über vier moderne und kuschelige Schlafzimmer mit eigenem Bad. Die Kids finden auf der obersten Etage ihre eigene Welt vor: Kinderzimmer, TV, Spielparadies mit Billard, Kicker, Spieletisch und Playroom. Im Parterre von der Küche und von der Diele aus betritt man die Sonnenseite mit Terrasse, die über die ganze Breite des Hauses geht, mit langen Holztischen- und bänken. Im Sommer lässt ein Grillfest mit Aussicht auf die pure Natur ringsum nicht lange auf sich warten. Das köstliche Fleisch dazu gibt es in den Ardennen wie kaum anderswo.

www.ardennes-etape.de

www.ardennes-etape.de/ferienhauser-ardennen/urlaub-mit-hund

www.belvilla.de · www.kaleo-asbl.be

Ferienhaus mit großzügiger Terrasse

Château de Belœil – das belgische Versailles

24

Die größte Anzahl von Schlössern und Burgen pro Quadratkilometer

Belgien wird überragt von herrschaftlichen Gebäuden wie kein anderes Land, wenn man verschiedenen Quellen folgt. Rund 100 große Schlösser und Burgen findet man hier. Die Hälfte davon liegt in den Ardennen und in der Nähe des Maas-Tals. Das Schloss von Belœil ist eine der wenigen echten Prachtresidenzen in der Wallonie. Es könnte ohne Weiteres auch an der Loire stehen. Es ist seit 1394 untrennbar mit der Geschichte der Familie der Fürsten von Ligne verbunden, die noch heute das Schloss bewohnt.

Zu den bekanntesten Persönlichkeiten seiner Zeit gehörte der weltoffene Charles-Joseph Lamoral, Prince de Ligne (1735–1814). Ein Rokokofürst und „Prince charmant", der einen Gedankenaustausch mit Berühmtheiten seiner Zeit unter anderem mit Voltaire, Rousseau, Friedrich dem Großen und Goethe pflegte. Die original erhaltenen Einrichtungen mit Möbeln, Teppichen, Gemälden, Skulpturen, Porzellan, aber auch die persönlichen Gegenstände der Familie – teils Geschenke und Erinnerungen berühmter Zeitgenossen wie Peter der Große, Marie-Antoinette oder Katharina die Große – verleihen dem Schloss seine Originalität und Würde. Ein außergewöhnliches Schmuckstück ist die große Bibliothek mit etwa 20.000 Büchern in kunstvollen Einbänden. Die französischen Gärten (25 Hektar) zählen zu den schönsten in ganz Europa. Ihnen verdankt Belœil seinen Beinamen „Versailles des Nordens", das prädestiniert ist für Events im fürstlichen Rahmen wie der Amaryllis-Blumenausstellung. Beeindruckend ist der See (453 m lang und 130 m breit) mit der kunstvollen Figurengruppe des Neptunbrunnens.

Heute umfassen die Hagebuchenhecken (die 6 m Höhe erreichen) der Gartenanlage insgesamt eine Länge von 10 km. Als ein zweites Schloss bezeichnen die Prinzen von der Ligne mit Stolz ihre wunderschöne Orangerie aus dem Jahr 1830.

www.chateaudebeloeil.com
www.kastelen.be

Schloss Belœil – seit jeher im Besitz der Familie der Fürsten von Ligne

Nicht nur grün, sondern auch blau

25

Belgiens grandiose Wälder

Die belgischen Ardennen kennt man schon eher. Aber der Sonienwald und gar der Hallerwald, berühmt als „blauer" Wald, sind dagegen noch echte Geheimtipps. 2017 wurden fünf Gebiete im Sonienwald (ndl.: Zoniënwoud, frz.: Forêt de Soignes) auf die Liste des UNESCO-Welterbes gesetzt. Mit einer Vielzahl alter Buchenwälder werden Teile des Sonienwaldes in der Kategorie „Alte Buchenwälder und Buchenurwälder der Karpaten und anderer Regionen Europas" gewürdigt. Die Gebiete haben eine Gesamtfläche von 4.421 Hektar und liegen am südöstlichen Rand von Brüssel.

Im Frühling legt sich ein leuchtend blauer Teppich aus Hasenglöckchen über den Waldboden im Hallerbos. Der Hallerbos ist auch als „Blauer Wald" bekannt und gehört zu den schönsten Wäldern der Welt. Dicht an dicht stehen die Buchen dann in einem Meer aus Blüten. Fällt dann noch die Sonne im richtigen Winkel durch die Wipfel, herrscht eine märchenhafte Atmosphäre. Der Wald steht unter Naturschutz, dennoch führen zwei Wanderwege hindurch. Das Hyazinthengeflecht steht ab Ende April/Anfang Mai in voller Blüte. Hinzu kommen herrliche Riesenmammutbäume.

Der Forêt d'Anlier im Süden Belgiens, nahe der Grenze zum Herzogtum Luxemburg, gilt als größter Buchenwald Europas – mit 10.000 Hektar Fläche. Er ist reich an Legenden, Schmieden und Schlössern. Dazu gibt es eine Wandertour.

Der Nationalpark in der belgischen Provinz Limburg ist ein einzigartiges Naturgebiet, in dem über 5.700 Hektar Wald und Heide verwaltet und geschützt werden. Das Gebiet erstreckt sich über die Gemeinden Dilsen-Stokkem, Maasmechelen, Zutendaal, Lanaken, Genk und As. Der Hertogenwald bei Eupen ist mit seinen 12.300 Hektar eines der größten geschlossenen Hochwaldareale in den Ardennen. Und ein Tor zum einzigartigen Naturpark Hohes Venn.

www.hallerbos.be
www.parcsnaturelsdewallonie.be
www.nationaalparkhogekempen.be

Im Frühling legt sich ein leuchtend blauer Teppich aus Hasenglöckchen über den Waldboden im Hallerbos

Familienparadiese Freizeitparks

26

Kleines Land mit großem Spaßangebot

Belgienbesucher können sich freuen, denn dort ist das Angebot an Freizeitspaß für die Kids sehr ausgeprägt. Beispielsweise im größten Rummelpark des Landes: Walibi steckt voller Nervenkitzel und Sensationen für Familien in Wavre, in der Nähe von Brüssel: Calamity Mine, Radja River, Loup-Garou – diejenigen, die gar keine Angst kennen, wagen sich an Vampire, Cobra oder den berühmten Katapultstart mit 85 km/h beim Psykè Underground. Die Allerkleinsten werden sich im Walibi Playland austoben. Der „Aqualibi Wasser Funpark" ist auch für die Walibi-Besucher zugänglich.

Ein ganz außergewöhnliches Museum mit großem Unterhaltungswert ist der Pass, im Hennegau bei Mons gelegen. In den zehn interaktiven Ausstellungen spielt man, lernt man, fühlt man, träumt man. Man entdeckt, wie sich die Welt bewegt, wie Wissenschaft und Technik unseren Alltag beeinflussen. Das Belvedere ist ein Bauwerk über dem ehemaligen Minenschacht, das 17 m über der Erde auf 50 Steinstelen ruht. Darüber hinaus ragt die Aussichtsplattform auf einem Förderturm in rund 64 m Höhe. Der Park stellt unterschiedlichste Themen dar: Materialien, Genetik, Gesundheit.

Zwischen Namur und Dinant, mitten in der Maas, liegt die Insel Île d' Yvoir. 2,5 Hektar in purer Natur mit heimischer Fauna und Flora (ein Teil davon „Natura 2000" zertifiziert), Freizeitterrain und Terrasse in harmonischem Einklang. Tretbootfahren, Spielgelände, Kajaken und Wasserski sind hier angesagt. Zu den unumgänglichen Freizeiterlebnissen in Belgien gehören weiterhin: Europas bester Zoo, Pairi Daiza, die Grotten von Han-sur-Lesse, Plopsaland, das Euro Space Center, eine einzigartige Weltraumerfahrung für Groß und Klein oder auch Mini-Europe, die berühmtesten Wahrzeichen Europas im Miniaturformat in Brüssel.

www.walibi.be · www.pass.be
www.youtube.com/watch?v=lbWROfc4tYI
www.grotte-de-han.be/de · www.plopsa.be/de
www.eurospacecenter.be/de
www.minieurope.com/de

Auf einer ehemaligen Zeche gelegen, die vom Architekten Jean Nouvel saniert wurde, lohnt allein schon der außergewöhnlichen Architektur wegen ein Besuch des Pass' (rue de Mons 3, 7080 Frameries, www.pass.be)

Barockstar Belfried

33 Glockentürme in Belgien sind Weltkulturerbe

27

Victor Hugo ließ sich zu der originellen Beschreibung der Turmspitze als „massige Kaffeekanne, die unterhalb des Bauches von vier kleineren Teekannen flankiert ist", inspirieren. Der Belfried von Mons wurde zwischen 1662 und 1669 anstelle eines älteren Turms in der Umwallung der ehemaligen Grafenburg etwas oberhalb der Grand-Place errichtet. Er ist der einzige Belfried Belgiens im Barockstil, erkennbar an den Voluten, den gebogenen und unterbrochenen Giebeln. Entworfen, jedoch nicht vollendet, hat ihn der Monser Architekt Louis Ledoux. Der Turm in Viereckanlage ist 87 m hoch, hat 365 Stufen und 49 Glocken und wird von einer eleganten schiefergedeckten Zwiebelkuppel mit Laterne gekrönt, darunter wird er flankiert von vier kleineren Zwiebeln an den Ecken.

Der Belfried ist ein mächtiges Symbol der Unabhängigkeit von Mons. Er beherbergte jedoch nur einen Teil der Funktionen, die ein solches Gebäude in der Regel innehatte (Wachturm, städtische Uhr). Heute ist er mit Besucherzentrum und Panoramaturmblick ausgestattet. 55 Glockentürme in Belgien und Frankreich wurden gemeinsam in die von der UNESCO geführten Liste des Weltkulturerbes aufgenommen. Sie legen ab dem 11. Jahrhundert Zeugnis von der wirtschaftlichen und politischen Entwicklung der Städte in diesem nordwestlichen Teil Europas ab. Sie zeugen aber auch von einer sehr ortsgebundenen kulturellen und architektonischen Tradition, nach der diese (Macht-)Symbole genauso weithin sichtbar und imposant sein sollten wie die Glockentürme der Kirchen und die herrschaftlichen Donjons.

Die bekanntesten der 33 gelisteten Belfriede in Belgien sind: Brügge, Antwerpen, Gent, Leuven, Mechelen, Lier, Sint-Truiden, Tongeren, Ypern, Kortrijk, Mons, Tournai, Namur, Binche, Charleroi und Thuin.

Einer der schönsten Belfriede Belgiens: der barocke Belfried von Mons

Eddy Merckx und die Radfahrnation

28

Die Klassiker und ihre Jedermann-Challenges

Einige der berühmtesten Ein-Tages-Klassiker im Profiradsport verlaufen durch Belgien. Die Tour de France ist immer wieder zu Gast in diesem Land. Die Strecken und die wunderschöne Landschaft animieren jährlich Tausende Hobby-Radfahrer, die Verläufe dieser Profiradrennen nachzufahren. Bei der Flandern-Rundfahrt gehen bereits einen Tag vor den Profis rund 16.000 Hobbyfahrer an den Start der Flandern-Rundfahrt „Cyclo für Jedermann" über die berüchtigten Kopfsteinpflasterpassagen.

In Oudenaarde steht seit 2003 das „Centrum Ronde van Vlaanderen" (CRVV). Auf interaktive Weise wird hier die ruhmreiche Geschichte des einzigartigen Events lebendig gemacht. Lüttich–Bastogne–Lüttich wird „La Doyenne" genannt, weil es das älteste noch ausgetragene Profi-Radrennen der Welt ist. Es zählt zu den fünf „Monumenten" im Radsportkalender für Profis in Europa und gehört zu den Klassikern, die in den Ardennen Belgiens gefahren werden wie auch die Flèche Wallonne, der Wallonische Pfeil. 2020 gibt es die 106. Auflage dieses Radsport-Monuments mit einer Strecke voller Mythos. Die größten Schwierigkeitsgrade konzentrieren sich auf der zweiten Hälfte der Strecke, mit neun Anstiegen auf den letzten 100 km. Wanne – Stockeu – Côte de la Redoute – Côte des Forges und der Côte de la Roche-aux-Faucons. Insgesamt sind auf der Renndistanz 4000 Höhenmeter zu überwinden. Für Fahrer wie Zuschauer gibt es bei diesen Anstiegen Tour-de-France-Feeling.

Die wunderschönen Ardennenlandschaften eignen sich hervorragend auch für Hobbyfahrer. Probieren Sie es aus, zum Beispiel bei den Jedermann-Challenges dieser Klassiker. Bereits die 84. Ausgabe des Wallonischen Pfeils läuft 2020 mit seiner legendären Ankunft an der Mauer von Huy, einem der spektakulärsten Steilanstiege im Profiradrennsport.

www.rondevanvlaanderen.be/nl/rvv/elite-mannen
www.liege-bastogne-liege.be/en

Der vielleicht berühmteste Radrennsportler aller Zeiten, Eddy Merckx, ist Belgier. 2019 war es genau 50 Jahre her, dass Merckx seine erste Tour de France gewann, deshalb startete die Tour 2019 in Brüssel.

14.500 km Radwege

In einem Land, das einen Durchmesser von nur knapp 280 km hat

29

Vom Dampfross zum Drahtesel – das sind die RAVeL-Wege; über sie zu radeln, zu gehen oder zu reiten, das heißt, die Wallonie auf eine andere Art zu entdecken. Über Naturwege, abseits von Hauptstraßen und motorisiertem Verkehr, über ehemalige Schienen- und Treidelwege mitten durch Grün, Wälder und Landschaften. Das RAVeL-Rad- und Wanderwegenetz (1.430 km) ist den langsamen Benutzern vorbehalten: Fußgänger, Radfahrer, Reiter ... Es verläuft durch die ganze Wallonie und hat maximal 2 bis 3 Prozent Steigung.

Aktuell verlaufen fünf RAVeL-Routen durch die Wallonie. Sie überschneiden sich zum Teil mit der Vennbahn. Der längste Bahntrassen-Radweg Europas, der den Norden und den Süden der Region zwischen Aachen und dem luxemburgischen Troisvierges auf einer Länge von 125 km quasi auf der ursprünglichen Bahnstrecke verbindet. Die „Vennbahn" nimmt unter den Radwegen in Europa eine Sonderstellung ein. Sie verbindet wechselvolle Geschichte, originelles Grenzlandflair und atemberaubende Landschaften zu einem einzigartigen Gesamterlebnis für Radfahrer. Sie dürfen sich freuen, ihnen eröffnen sich völlig neue, ungewohnte Einblicke in die Landschaft. Entspannte Radtouren fernab vom Verkehrsstress, ohne größere körperliche Anstrengungen werden zum reinen Vergnügen. Das versprechen auch die immer beliebter werdenden E-Bikes, für die neue Verleihstationen entstehen.

Flandern und insbesondere Limburg ist ein Eldorado für Radfahrer. Das „Fietsroutennet met Knooppunten" wurde 1995 in Belgisch-Limburg erfunden. Im Radroutennetz der Knotenpunkte sind alle Kreuzungen (Knotenpunkte) von Radrouten durchnummeriert. Sie orientieren sich auf der Route an den Schildern und fahren von einem nummerierten Knotenpunkt zum nächsten. Jeder Knotenpunkt ist mit rechteckigen Schildern ausgewiesen. Sie entscheiden selbst, welche Knotenpunkte Sie in Ihre Route einbeziehen und somit auch, wie lang oder schwierig Sie Ihre Tour gestalten. 2.000 km ist allein das Radwegenetz in Limburg lang.

www.fietsroute.org/cycling/belgium

www.vennbahn.eu · www.ravel.wallonie.be/home.html

Radfahren und Genießen in Belgien

Jazzy Belgium

Das Saxofon stammt aus Dinant

30

Adolphe Sax (1814–1894), der „größte" Sohn der Stadt Dinant an der Maas (in den belgischen Ardennen), verstand es vortrefflich, zwei Elemente zu einem wundervollen Instrument zusammenzufügen: Kupfer und Klang. Sax baute dann eine ganze Saxofon-Familie mit Sopranino, Sopran, Alt, Tenor, Bariton, Bass und Kontrabass. Seine Erfahrungen übertrug er auf die Konstruktion von Trompeten, Hörnern und Tuben und gab diesen in ihrer neuen Gestalt die Namen Saxtromba, Saxhorn und Saxtuba. Das „Maison de Monsieur Sax" ist ein ihm gewidmetes Museum. Seit 2014 zieren bunt bemalte, 3 m hohe Saxofone die Brücke über die Maas, 28 an der Zahl, stellvertretend für die EU-Mitgliedstaaten.

Die Sonntage im Juli und August locken in Dinant mit heißen Jazz-Rhythmen und dem unvergleichlichen Klang der Saxofone. In den Straßen und auf den Plätzen der Stadt spielen verschiedene Musikgruppen auf.

Jean „Django" Reinhard gilt als ein Begründer bzw. Vorreiter des europäischen Jazz, er wurde 1910 im belgischen Liberchies geboren. Ihm gewidmet sind die Djangofollies-Konzerte. Bekannt ist auch das „Gouvy Jazz & Blues Festival" sowie das „Mithra Festival International de Jazz" in Lüttich sowie das dortige Maison du Jazz. Und noch ein Großer: Der 1922 in Brüssel geborene „Toots" Thielemans (2016 gestorben), der eine lange Zeit in den USA lebte, spielte zusammen mit Stars wie Benny Goodman, Ella Fitzgerald, Bill Evans oder Quincy Jones. Seine Markenzeichen waren die Hornbrille und die Mundharmonika, die er mit seinem charakteristischen Sound im Jazz salonfähig machte. Eines seiner bekanntesten Werke als Komponist ist die Hintergrundmusik der weltbekannten US-Kinder-Fernsehserie „Sesame Street" (Sesamstraße).

Events: Jazz in der Wallonie:
www.walloniebelgiquetourisme.be/fr-be/3/jaime/accent-belge/ca-jazz-chez-nous
Jazz in Brüssel: www.agenda.brussels/en//concerts/jazz-blues.html
Jazz in Flandern: www.uitinvlaanderen.be/agenda/concert?theme=jazz-en-blues

Die Folkloremärsche Entre-Sambre-et-Meuse

31

Tragende Säulen der kulturellen Identität

Die Folkloremärsche Entre-Sambre-et-Meuse sind eine der tragenden Säulen der kulturellen Identität der Dörfer an den Flüssen Sambre und Maas. Sie erinnern an die Einweihung der Dorfkirche zu Ehren der Schutzheiligen, denen die religiösen Gebäude gewidmet sind. Zu diesen besonderen Ereignissen ist meist das ganze Dorf auf den Beinen. Mittlerweile nehmen mehr als 100 Gesellschaften mit über 10.000 Marschierenden in einer Vielzahl von Kostümen und Uniformen des Ersten und Zweiten Empires (Napoleonische Kaiserreiche) an den Prozessionen teil. Zum Klang der Fanfaren, Tamburine und Pfeifen wartet jede Prozession mit Dutzenden oder gar Hunderten von Marschierenden auf, und das größtenteils in militärischen Uniformen. Von Mai bis September vergeht fast kein Sonntag ohne eine historische Prozession in einem oder mehreren Dörfern in den wallonischen Provinzen Hennegau und Namur. 15 symbolträchtige Märsche wurden gemeinsam in die Repräsentative Liste des immateriellen Kulturerbes der Menschheit der UNESCO aufgenommen:

- Marche Saint-Roch in Thuin
- Tour de la Madeleine de Jumet
- Marche Saint-Roch von Ham-sur-Heure
- Marche Sainte-Rolende de Gerpinnes
- Marche Royale Saint-Roch und Saint-Frégo d'Acoz
- Biesmerée (Mettet)
- Florennes
- Fosses-la-Ville
- Laneffe (Walcourt)
- Morialmé (Florennes)
- Silenrieux (Cerfontaine)
- Tarciennes (Walcourt)
- Thy-le-Château (Walcourt)
- Villers-deux-Églises (Cerfontaine)
- Walcourt

Jahrhundertealte Folkloremärsche

Die neunte Kunst

In Belgien gehören Comics zum kulturellen Erbe

32

Die Erfolgsgeschichte der belgischen Comicszene begann mit dem Brüsseler Georges Remi. Er schickte am 10. Januar 1929 einen gezeichneten Helden mit Sturmfrisur auf Reisen: Tintin und seinen Hund Milou, bei uns bekannt als Tim und Struppi. Georges Remi (1907–1983) signierte mit seinen umgekehrten Initialen, französisch ausgesprochen ergab das seinen Künstlernamen „Hergé". Fortan erschienen die Abenteuer von Tim und Struppi in der Jugendbeilage der katholisch-konservativen Zeitung „Le XXe Siècle" – die Belgier liebten sie. So gut wie jeder Bewohner des Landes ist damit aufgewachsen und findet es ganz normal, sie zu lesen.

Die bandes dessinées oder kurz BD, wie sie auf Französisch heißen, sind in privaten Regalen und Buchhandlungen ebenso präsent wie in Museen und im öffentlichen Raum. Und in der Tradition der Giganten des belgischen Comics begibt sich der zeitgenössische Comic auf neues Terrain als eine Kunst, die sich schon seit Jahrzehnten komplett mit der Gesellschaft identifiziert, aus der sie entstanden ist.

Die Stadt Charleroi hat Lucky Luke und dem Marsupilami Denkmäler gesetzt, in Wavre grüßt der rundliche weiße Comic-Hund Cubitus und der Ort Corbion-sur-Semois hält das Fresko in Ehren, das der junge Joseph Gillain in der Pfarrkirche malte. Ungezählte Comiczeichner entwerfen und kolorieren immer neue Geschichten.

Comiczeitschriften wie „Spirou" erfreuen sich nach wie vor wachsender Beliebtheit. Ohne den Abdruck der Bildgeschichten von Tim und Struppi in einer Zeitung hätte Georges Remi alias Hergé nie seinen Durchbruch als Comiczeichner geschafft. Dessen Figuren – der Reporter Tim, der Rauschgifthändler Roberto Rastapopoulos, Kapitän Haddock, General Alvarez oder Professor Bienlein – stehen Mickey Mouse und Donald Duck in nichts nach. Wichtige Verlage wie Editions Dupuis in Charleroi und Editions Casterman in Tournai tragen wesentlich zur anhaltenden Popularität des Comics als „Neunter Kunst" bei.

www.fetedelabd.be
www.comicscafe.be

Die Comic-Route macht es möglich, Brüssel in Begleitung von Tim und Struppi, Asterix und Lucky Luke u. a. zu entdecken. Überlebensgroß sind sie auf vielen Hauswänden der Metropole sichtbar.

Weltbekannte Comic-Helden

33

Tim und Struppi, Spirou, Gaston Lagaffe, Lucky Luke und Co.

Wussten Sie, dass diese Figuren alle in Belgien erfunden wurden?
Tim und Struppi: Tintin und Milou gehören zu den bekanntesten Comicfiguren der Welt. Ihr Schöpfer Hergé hat seine Heimatstadt Brüssel in etlichen Alben verewigt: Der Königspalast ist in „König Ottokars Szepter“ zu sehen, die Oper „La Monnaie“ wird in „Die sieben Kristallkugeln“ zur Bühne für die Castafiore. Auf dem Flohmarkt auf dem Place du Jeu de Balle im Marollenviertel beginnt „Das Geheimnis der Einhorn“, der Erfolgsfilm von Steven Spielberg im Jahr 2011.
Spirou: Trägt seine rote Pagenuniform auch nach 75 Jahren noch mit Elan. Zusammen mit dem Reporter Fantasio und dem Eichhörnchen Pips erlebt er seine Abenteuer. 1938 geboren, wanderte der Titelheld des „Journal de Spirou“ durch die Hände verschiedener Künstler – aktuell arbeiten Fabien Vehlmann und Yoann Chivard an der Serie. „Spirou“ ist übrigens das wallonische Wort für Eichhörnchen.
Gaston Lagaffe: Der trottelige Bürobote bringt seit 1957 seinen Chef zum Wahnsinn. André Franquin entwarf Gaston als Lückenfüller für das „Spirou-Magazin“ – und hätte wohl selbst nicht gedacht, wie schnell der ulkige Nichtsnutz Karriere machen und eigene Alben füllen würde.
Lucky Luke: Der Westernheld, der schneller als sein Schatten zieht. Er entstand 1946 am Zeichenbrett von Maurice de Bevere, genannt Morris. Lucky Luke war bis 1983 Kettenraucher. Seitdem kaut der Cowboy auf einem Grashalm, wenn er auf Jolly Jumper dem Sonnenuntergang entgegenreitet.
Die Schlümpfe: Pierre Culliford alias Peyo ließ die „Schtroumpfs“ erstmals 1958 in einer „Johann und Pfiffikus“-Geschichte auftreten. Die blauen Kobolde mit den weißen Mützen waren so beliebt, dass sie eine eigene Serie bekamen. Der Name ist Peyo zufolge bei einem Essen mit Franquin entstanden. Aus Spaß hätten sie alle Dinge mit „Schtroumpf“ bezeichnet, was sich frei mit „Dingsbums“ übersetzen lässt.

Die Helden bei der großen Comicparade in Brüssel

Das belgische Comic-Museum

34

Die Verschmelzung zweier bedeutender Kunstrichtungen

Ein Besuch des belgischen Comic-Museums zählt zu den Höhepunkten einer Brüssel-Reise. Der ehemalige Textilhandel Waucquez ist das einzige erhalten gebliebene Geschäftshaus, das Victor Horta in Brüssel baute. Nicht nur das Gebäude, sondern auch die Ausstellung ist einmalig. Das Meisterstück von Victor Horta, entworfen 1906, beherbergt heute das Comic-Museum. Auf über 4.000 m² Museumsfläche ist alles dargestellt, was mit Comics zu tun hat. Das Gebäude wurde 1989 offiziell vom belgischen Königspaar eingeweiht. Neben dem Museum mit den Geschichten der berühmten Comicfiguren von Tim und Struppi bis hin zu Lucky Luke gibt es Ausstellungen auf Zeit und Dauerausstellungen sowie eine bemerkenswerte Bibliothek für Comics und einen Lesesaal. Im Foyer, das mit seinem lichtdurchfluteten Design typischen Horta-Stil zeigt, liegt das Café-Restaurant Horta mit ansprechender Küche.

Eine große Idee wurde mit diesem Museum realisiert: die Verschmelzung zweier bedeutender Kunstrichtungen, die Belgien charakterisieren – Comiczeichnen und Jugendstil. Noch mehr Comic: Die Comicroute macht es möglich, Brüssel in Begleitung von Tim und Struppi, Asterix, Lucky Luke u. a. zu entdecken. Sie scheinen aus ihren Abenteuergeschichten herausgeklettert zu sein, um ihre Stadt zu erobern. Überlebensgroß sind sie auf vielen Hauswänden der Metropole sichtbar: Grand-Place, Königliche Galerien, Sankt-Michael- und Gudula-Kathedrale, Place de Brouckère und die Trendviertel um die Kirche St. Cathérine (Fischmarkt) und die Rue Dansaert.

Alles in allem ist er also gespickt mit den Juwelen Brüsseler Architektur und belebt von rund 40 Comicmotiven unterschiedlichster Künstler, die an den ungewöhnlichsten Ecken unerwartet auftauchen (in ganz Brüssel mögen es gut 100 Comicfassaden sein). Eine Broschüre zur Comicroute gibt es beim Fremdenverkehrsamt. Das belgische Comic-Museum bietet deutschsprachige Führungen an.

www.cbbd.be/de/home

Jugendstil und „Neunte Kunst“ im Comic-Museum (CBBD) in Brüssel

Der Sohn des Mannes

35

Das Magritte-Museum in Brüssel

Der Mann mit „Melone“ und Apfel vor dem Gesicht ist eines der bekanntesten Motive von René Magritte (1898–1967), dem bahnbrechenden belgischen Surrealisten. „Der Sohn des Mannes“ heißt dieses Bild. Magritte, der vorzugsweise schwarzen Anzug mit Bowler trug und in diesem Kostüm immer wieder sein eigenes Modell war, hat in Brüssel ein einzigartiges Museum, das die ohnehin üppige Kunstszene der Hauptstadt mit mehr als 100 Museen noch einmal bereichert. Es wurde in jenem Gebäude errichtet, in dem der größte belgische Surrealist zwischen 1930 und 1954 lebte und arbeitete.

Die Stars in diesem Gebäude sind neben den Bildern das zeitgenössische Mobiliar, das Atelier im Garten, aber auch zahlreiche Objekte und Dokumente mit persönlichem Charakter. Beeindruckend: Das spärliche Licht im Museum lässt der Fantasie des Betrachters, die aus den Bildern entspringt, den entsprechenden Raum. Hier segeln die Wolken an den Fenstern vorbei und im Museum sind die schönsten Werke des berühmten Brüsseler Surrealisten zu sehen. Mehr als 230 Werke und Archivobjekte (die größten Magritte-Sammlung weltweit) auf 2.500 m^2. Multidisziplinär gestaltete Sammlungen mit Gemälden, Gouachen, Zeichnungen, Skulpturen und bemalten Objekten, aber auch mit Werbeplakaten, Musikpartituren, Fotos und Filmen.

Ein Ort, der dem Künstler ähnlich ist: wie aus einem Traum, ursprünglich, ein Ort, der einen mit offenen Augen träumen lässt. Man tritt ein in die Welt des Surrealisten, dem es ein Anliegen war, dass die Wirkung eines Kunstwerks über dem Kunstwerk selbst zu stehen kommt. Den Museumsshop, in dem Reproduktionen seiner Werke verkauft werden, hätte er sicher toll gefunden. Das Museum ist Teil der Königlichen Museen der Schönsten Künste Belgiens.

Besuch mit Audioguides in deutscher Sprache.

www.fine-arts-museum.be

Das Magritte-Museum, in Szene gesetzt mit dem Herrn mit Melone

Das MIM

Tausende Instrumente hören und sehen

36

Am Hofberg 2, vor dem Mont des Arts, dem Kunstberg, besticht eine der kunstvollsten Art-nouveau-Fassaden Brüssels: das ehemalige Gebäude der Geschäfte Old England mit einer Ausstellungsfläche von 3.000 m^2; dort ist heute das einzigartige Musikinstrumente-Museum (MIM) beheimatet. Die Metall-Glasstruktur und die markanten Rundbogenfenster der Fassade aus dem Jahr 1899 stammen vom Architekten Paul Saintenoy. Das Brüsseler Musikinstrumente-Museum mit 1200 ausgestellten Musikinstrumenten und vielfältigen Sammlungen ist ein Paradies für Musikinteressierte. Auf vier Stockwerken werden Sammlungen mit mehr als 8.000 Instrumenten aus der ganzen Welt gezeigt (u. a. Islamische Welt und Afrika). Sie bilden eine Inszenierung mit der Mischung von Bild und Ton per Infrarotkopfhörer.

Das Museum verfügt darüber hinaus über Bildungs-, Animations- und Forschungsräume sowie über eine Bibliothek für Musikinstrumente-Literatur mit 20.000 Objekten. Es ist eine der größten und ungewöhnlichsten Musikinstrumente-Sammlungen weltweit. Zudem gibt es einen Konzertsaal mit 200 Sitzplätzen. Audioguides und Führungen auch in deutscher Sprache. Über Kopfhörer wird dem Besucher der Klang der Instrumente zugetragen.

Das Repertoire reicht von Karnevalsliedern bis hin zu Opernarien. Mal werden die Melodien auf sehr alten und einfachen Instrumenten gespielt, mal auf sehr modernen und elektronischen. Für Kinder zwischen vier und zehn Jahren gibt es in dem Museum den Garten des Orpheus. Selbstverständlich ist auch Adolphe Sax mit verschiedenen Instrumenten vertreten, denn er erfand nicht nur das Saxofon. Von der Dachterrasse mit Panoramarestaurant im sechsten Stockwerk werden die staunenden Besucher mit einem der besten und imponierendsten Rundblicke über die Stadt belohnt (separater Zugang per Aufzug). Ein echter Brüssel-Tipp.

www.mim.be

Der Hingucker am Kunstberg: die Fassade des Musikinstrumente-Museums

Das Atomium

Brüssels Wahrzeichen

37

Wie eine auf die Ecke gestellte würfelförmige Raumstation ragt das Atomium über Brüssel und das Heysel-Plateau – oder doch wie die im Wurf erstarrten Bälle eines Jongleurs? Dieses glitzernde Gerüst aus silberfarbenen Kugeln regt stets die Fantasie an. Das Atomium wurde vom Ingenieur André Waterkeyn für die Weltausstellung von 1958 konzipiert und symbolisiert ein Eisenkristall in 165-milliardenfacher Vergrößerung. Automatisch legt man den Kopf in den Nacken und hebt den Blick zu den großen Kugeln. Man darf gespannt sein, wie es in den Kugeln aussieht und erst recht, wie sie von hier unten zu erreichen sind.

Ein Aufzug vom Empfangspavillon aus katapultiert seine Fahrgäste mit einer Geschwindigkeit von 5 m pro Sekunde in nur 23 Sekunden zur obersten Kugel auf knapp 100 m. Der 360-Grad-Blick über Brüssel sowie das Heysel-Plateau – und bei entsprechendem Wetter weit darüber hinaus – ist überwältigend, nahezu schwindelerregend. Von den neun Kugeln des Atomiums können fünf besichtigt werden. Es geht durch die vielen Verbindungsröhren, per Treppe oder Rolltreppe, mal rauf, mal runter. Die Rolltreppen in den Röhren des Atomiums gehörten 1958 zu den längsten in Europa. Die Basiskugel beherbergt eine Dauerausstellung als Hommage an den Zeitgeist der 1950er-Jahre und die fabelhafte Geschichte der Weltausstellung „Expo 58". Grandios ist das Panorama-Restaurant in der obersten Kugel auf 100 m Höhe. Direkt nebenan gelegen und im Eintrittspreis inbegriffen: das neue ADAM – Brussels Design Museum.

www.atomium.be

Ein Eisenkristall in 165-milliardenfacher Vergrößerung – das Atomium

Das Museum für Naturwissenschaften

38

Galerien der Evolution, des Menschen und der Dinosaurier

Die Iguanodons sind hier das Begrüßungskomitee: eine magische und unvergessliche Parade. Mit Hilfe von interaktiven Konsolen lernen wir die Rätsel unserer Herkunft verstehen; eine kleine Ecke ist den Archäologen vorbehalten, die Gras untersuchen und Spuren freilegen. Das Brüsseler Museum für Naturwissenschaften beherbergt die größte Dinosaurier-Galerie Europas. Darin betrachten wir nicht nur den Tyrannosaurus Rex, den Triceratops, den Diplodocus, den Stegosaurus, den Maisasaurus und den Cryolophosaurus, sondern vor allem 30 Originalfossilien der Iguanodon-Sammlung.

Doch es gibt in diesem Museum noch viel mehr zu entdecken, zum Beispiel den Mosasaurier-Saal, in dem wir alles über diese – im Gegensatz zu den Dinosauriern – im Meer lebenden Reptilien erfahren können. In der Evolutionsgalerie sind wir eingeladen zu einer unvergesslichen Reise durch die Geschichte des Lebens, auf der uns über 600 Fossilien und 400 ausgestopfte Tiere begegnen werden. Ein weiterer spannender, interaktiver Saal ist BiodiverCITY, in dem wir alles zum Thema urbane Biodiversität erfahren. Gleichzeitig stellt man uns vor eine Herausforderung, denn wir sollen selbst entscheiden, wie wir die Biodiversität in einer Stadt bewahren wollen.

Im Anschluss daran erreichen wir den Saal „250 Jahre Naturwissenschaften", in dem 14 symbolische Exponate aus der Sammlung ausgestellt sind, darunter der berühmte Ishango-Knochen, ein Exemplar des ausgestorbenen Beutelwolfs, das Mammut von Lierre und vieles andere. Insektensaal, Vivarium und Mineraliensaal stellen ebenso ungewöhnliche wie prachtvolle Objekte dar.

Die neuste Attraktion ist die Galerie des Menschen, die einen faszinierenden Einblick in sieben Millionen Jahre Menschheitsgeschichte gibt. Vom Embryo zum Erwachsenen. Die Entwicklung und die Evolution bis zum modernen Menschen oder den menschlichen Körper und seine Funktionsweise anhand von Fossiliensammlungen, 3D-Nachbildungen und interaktiven Präsentationen. Ein fantastisches Museum – wie gemacht für Familien mit Kindern.

www.naturalsciences.be/de

Die größte Dinosaurier-Galerie Europas

Das EU-Viertel – Mehr als nur Politik

39

Hingucker und Lifestyle

An der Place du Luxembourg, mit Vorliebe donnerstags, findet man auf den zahlreichen Caféterrassen und in den Restaurants eine internationale Community in bester Feierlaune. Die Place Jourdan, die 2017 komplett neugestaltet wurde, ist ein internationaler und lokaler Treffpunkt mit zahlreichen Cafés, Terrassen und Restaurants, die sowohl belgische als auch internationale Küche servieren. Der Schuman-Kreisverkehr bietet einen schönen Blick auf zwei der großen Entscheidungszentren der EU. Tipp: Machen Sie abends einen Abstecher zu dem wunderbar ausgeleuchteten Europa-Gebäude. Belohnt werden Sie zusätzlich mit einem Blick auf den Triumphbogen des Jubelparks. Die Place Jean Rey ist der neue „Place to be" des EU-Viertels. Gastronomische Events und trendige Geschäfte haben dem Ort eine ganz neue Dynamik verliehen.

Weiter geht es in Richtung Parlamentarium mit einem Abstecher zum Plenarsaal des Europäischen Parlaments bis hin zum Europa-Gebäude, dem Berlaymont, oder zum EU-Parlament, das aufgrund seiner Ähnlichkeit mit der Form des französischen Weichkäses humorvoll auch Caprice des Dieux genannt wird. Auf den Squares können einige herausragende Beispiele des Jugendstils und des Art déco bewundert werden wie die Maison Saint-Cyr. In der Nähe des Place Mérode stoßen Sie auf die prächtige Maison Cauchie und ein wenig weiter auf die kolossalen Gebäude des Jubelparks, die der belgische König Leopold II. anlässlich des 50-jährigen Bestehens des belgischen Staates erbauen ließ. Im Parc Léopold: die prachtvolle Bibliothek Solvay und das Eastman-Gebäude.

Das EU-Viertel beherbergt eine Reihe erstklassiger Museen, u.a. unzählige Oldtimer und Sammlermodelle im Automuseum Autoworld und Kampfflugzeuge, Panzer, Uniformen und andere Militaria im Musée Royal de l'Armée et d'histoire militaire, das Museum für Naturwissenschaften und das Musée Wiertz mit seinen teils meterhohen Gemälden des gleichnamigen belgischen Malers.

Die Place du Luxembourg in Brüssel

Das Parlamentarium

Europa muss nicht langweilig sein

40

Das Europäische Parlament zeigt sich in dieser neuen Hightech-Hochburg unter einem originellen Blickwinkel und in neuem Licht. Der Besuch findet in den 24 offiziellen Sprachen der Europäischen Union statt, interaktive Multimediabildschirme, 360°-Projektionen auf einem Bildschirm, eine virtuelle Zeitreise, eine Entdeckungsreise durch die Instanz, die die Bürger Europas auf EU-Ebene vertritt: Endlich versteht man, wie die EU funktioniert, welchen Einfluss sie auf das alltägliche Leben nimmt – und man kann sogar mit den Abgeordneten sprechen. Ein Rundgang wurde speziell für die 8- bis 14-Jährigen konzipiert. Die gesamte Einrichtung ist für Menschen mit Behinderung uneingeschränkt zugänglich.

Das Parlamentarium hat für jede Altersgruppe viel zu bieten. Die Besucher sind in ihrer Planung frei, und der durchschnittliche Besuch dauert etwa 90 Minuten. Ein besonderes Angebot gibt es für Schulgruppen und Familien. Der Eintritt ist kostenlos, das Besucherzentrum ist jeden Tag geöffnet und barrierefrei.

Um nur drei von den Riesen zu nennen: Es sind die Hauptgebäude der Europäischen Union, die man unbedingt besuchen sollte. Stellen Sie sich mitten auf den Jean-Rey-Platz mit seinem Panoramablick, dem wir dem Delors verdanken, dem Sitz des Wirtschafts- und Sozialausschusses, in dem sich die anderen Gebäude des Platzes spiegeln. Gegenüber befindet sich das Justus Lipsius (Rue de la Loi 175), in dem der Rat der Europäischen Union untergebracht ist. Der große Stern aus Glas und Beton, der das Schuman-Rondell überragt, ist das Berlaymont (Rue de la Loi 200), seine zahlreichen Etagen belegt die Europäische Kommission. Die Nationalflaggen der 27 Mitgliedsstaaten bilden ein Ehrenspalier.

www.europarl.europa.eu/visiting/de
www.europaexpo.be

Das Europaviertel – beeindruckend in Architektur und Dimension.
Ein Besuch mit hohem Lernfaktor ist garantiert.

Der Flohmarkt schlechthin – Place du Jeu de Balle

41

Ein kunterbunter, multikultureller Treff

Marollen heißt das Viertel mit dem urtypischen Brüsseler Flair in der Nähe des Sablon-Platzes. Unterhalb des Justizpalasts um die Rue Haute und die Rue Blaes. Flair hat insbesondere der beschauliche Platz „Place du Jeu de Balle", wo das multikulturelle bodenständige Brüsseler Leben der Einheimischen und auch der Zuwanderer spürbar erhalten geblieben ist, vor allem beim Flohmarkt, der hier täglich stattfindet.

Das Viertel ist nach den „Marolles" (Apostolinen) benannt, jungen Frauen, die wie die Beginen einfach und bescheiden in Gemeinschaften lebten und anderen Menschen halfen, zum Beispiel während der Pest in Brüssel. Die Marollen sind schräg, kein Vorzeigeviertel, eher exotisch, der Ausländeranteil ist hoch, fast die Hälfte der Bewohner sind Einwanderer. Dieses Viertel hat seine eigene Sprache, eine verquere Mixtur aus Wallonisch, Flämisch und auch spanischen Sprachwurzeln. Das Quartier wandelt sich stetig. Der neueste Trend sind ultraschicke Boutiquen und Kunstateliers, die sich zwischen den alten, gar nicht dazu passenden, blassen Fassaden in der Rue Blaes und Rue Haute wie außerirdisch anmutende Inseln ansiedeln. Das tun auch immer mehr Händler, die vom kaum noch zu bezahlenden Sablon-Viertel, der schicken und hippen Antiquitätenszene Brüssels, hierhin umziehen. Ein „Bohème-Dasein" ist in den Marollen „in" geworden.

Im „Wiel's Renard", einer der selten gewordenen Stammkneipen, schauen die „Marolliens" auf ein Bier oder einen Kaffee vorbei, hier dampft auch immer eine leckere Suppe auf dem Tisch. Das lebendige Zentrum der insgesamt sechs Quartiers der Marollen ist die „Place du Jeu de Balle". Hier ist täglich Flohmarkt, ein kunterbunter, multikultureller Treff mit viel Krimskrams und allem, was der Hausrat so hergibt. Drumherum pulsiert das Herz der Marollen-Szene, in der das helle Bier in Strömen fließt. Im absoluten „In-Café", dem „La Brocante", an einer Ecke an der Place du Jeu de Balle, dessen Sammelsurium-Interieur kaum zu beschreiben ist, geht nach Marktende bei Livemusik die Post ab.

Das Stöberparadies der belgischen Hauptstadt auf der (und um die) Place du Jeu de Balle

Brüssel und die Grand-Place

42

Für viele der schönste Marktplatz der Welt

Wer die Möglichkeit hat, sollte die Grand-Place (flämisch: Grote Markt) unbedingt abends angestrahlt zu sehen bekommen (bis 2 Uhr nachts). Dann entfaltet er jene entzückende Atmosphäre, die einer stimmungsvollen Bühnenkulisse in einem Theater ähnelt. Hier standen die Refugien der mächtigen Zünfte. Das Rathaus in Brabanter Gotik mit dem eleganten weißen Turm (96 m hoch) ist das imponierendste Gebäude. Auf derselben Seite bezeichnen die Hausnummern 8 den „Stern", 9 den „Schwan", das Haus der Metzgergilde und Nummer 10 den Goldenen Baum, das Zunfthaus der Brauer mit dem Brauereimuseum.

An der Kopfseite des Platzes steht das Ensemble des „Hauses der Herzöge von Brabant" (1882 renoviert). Das Haus Nr. 24/25 ist das Zunfthaus der Schneider (heute das La Chaloupe d'Or – ein Café-Restaurant mit der begehrtesten Terrasse und hohen Preisen – die Lage und der Blick entschädigen dafür), während Nummer 26/27 der Malerzunft gehörte. Das mächtigste Gebäude auf dieser Seite direkt vis-à-vis dem Rathaus ist La maison du Roi, das Haus des Königs. Hier ist das Stadtmuseum untergebracht, und hier ist auch die viele hundert Kostüme umfassende Garderobe des Manneken Pis zu bestaunen. Nebenan schließen sich noch sechs kleinere Einheiten mit klassischen Fassaden an.

An der anderen Kopfseite der Grand-Place finden wir die Häuser der Bäcker, der Fettmacher der Schreiner und Fassbinder, der Bogenschützen, der Flussschiffer und der Krämer. Von der Grand-Place gelangt man über die Charles Bulsstraat und die Lombardstraat zum Liebling der Brüsseler, dem Manneken Pis.

In der Nähe ein Must-see: die Königlichen Galerien. Events: Der Ommegang, der Umzug in historischen Kostümen, findet schon seit dem 14. Jahrhundert statt. Alle zwei Jahre auf dem Großen Markt: Ein riesiger bunter Teppich aus Hunderttausenden von Blumen.

Die barocken Fassaden, skulpturenverziert, mit kunstvollen Giebeln, gehören zu insgesamt 35 Gebäuden um den Platz, die 1695 zerstört und im 19. Jahrhundert neu errichtet wurden

Brüssels bewegende Architektur

43

Der Jugendstil (Art nouveau)

Ein Name leuchtet besonders hell für die große Zeit des Brüsseler Art nouveau (Bezeichnung für den Aufbruch zu Neuem in einer sich verändernden Welt an der Schwelle des 20. Jahrhunderts): Victor Horta (1861–1947), den Kenner auf eine Stufe mit Antonio Gaudí stellen. Circa 350 Art-nouveau-Bauwerke soll es heute noch in Brüssel geben. In der Zeit zwischen 1893 und 1914 gab es einen regelrechten Boom dieser Architektur in Brüssel. Bevorzugte Viertel waren St. Gilles und Ixelles in der Oberstadt, aber auch die City hat ihre Jugendstil-Schmuckstücke.

Der Höhepunkt des Jugendstils lag um die Wende vom 19. ins 20. Jahrhundert. In der Architektur hatten sich neue Materialien wie Stahl, Eisen und Glas rasch verbreitet. Diese Materialien schufen neue Dimensionen von Ausdrucksmöglichkeiten. Horta hat in vielen Elementen gleich mehrere Materialarten – von Holz über Stein und Glas bis zum Metall – hintereinander in Linie verarbeitet. Typisch für ihn war die harmonische Funktionalität, ästhetisch, dekorativ und nützlich zugleich. So wurden funktionale Alltagsgegenstände und Einrichtungsstücke gleichermaßen zu stilistischen Kunstobjekten erhoben. Zentrales Ziel der Jugendstilrichtung waren Werke, die die zunehmend trostlose, starre industrialisierte Umwelt der Menschen verbessern und harmonisieren sollten. Sie waren inspiriert von den Motiven und organischen Formen der Natur aus den Pflanzen, Tieren, Blüten, Schwüngen und fließenden Linien. In der Brüsseler Art nouveau des Victor Horta oder Paul Hankar (1859–1901) wurden mit großer Meisterschaft Konstruktionen aus Holz, Metall und Glas mit neuen Raumdimensionen, die Lichteinflüsse vorteilhaft zur Geltung bringen, geschaffen. Für unseren ersten Tag in Brüssel haben wir einen Kunstspaziergang mit kulinarischen Auszeiten vorgesehen.

www.hortamuseum.be

Das Horta-Museum, rue Américaine 25 in Brüssel (Stadtteil Saint-Gilles), ist eine Augenweide. Führungen in Deutsch werden angeboten.

Ein Spaziergang 44

Auf den Spuren Victor Hortas und des Jugendstils

Etwas außerhalb des Stadtkerns sind viele interessante Jugendstilfassaden in den Vierteln zu bewundern. Namen von Straßen und Gebäuden in Brüssel sind immer zweisprachig (Flämisch und Französisch) benannt. Wir beschränken uns hier auf die französische Bezeichnung. Im Jahr 1898 kaufte Victor Horta zwei Grundstücke an der Rue Americaine in St. Gilles, unweit der mondänen Shoppingallee Avenue Louise, und errichtete dort sein Haus und sein Atelier. Von der Eingangstür bis zum Oberlicht mit Bleiglasdach wirkte Horta in seinem Refugium mit meisterlichem Können.

Die Innenausstattung, voll möbliert, ist eine Verschmelzung von Kunst und Funktionalität, von Ästhetik und Nutzen. Das lichtverspielte Innere des Hauses mit dem großen Treppenhaus hinauf zum Glasdach und die eindrucksvollen Edelholzverarbeitungen, Stein-, Eisen-, Metall- und Glaselemente sind ein ideenreiches Gesamtkunstwerk aus dem frühen 20. Jahrhundert, das man unbedingt gesehen haben sollte.

Eine Auswahl weiterer sehenswerter Jugendstilarchitektur in der Nähe des Horta-Museums (das Innere ist meistens nicht zugänglich): Hotel Hannon an der Avenue de la Jonction 1. 1902 baute der Architekt Jules Brunfaut ein Herrenhaus der Art nouveau, das besonders durch die Wandmalerei im Treppenhaus sowie durch den schönen Erker besticht (eine Besichtigung des Inneren ist möglich). Zu den perfektesten Bauten Hortas zählt das Hotel Solvay an der Avenue Louise 224 von 1894, ein nobles Wohnhaus für den Großindustriellen Solvay mit auffällig markanter, nahezu lupenreiner Art-nouveau-Fassade.

Das erste Jugendstilgebäude überhaupt in Brüssel war das Haus Tassel (1893) an der Rue Paul-Émile Janson 6. Horta benutzte Naturstein für die geschwungene Form der Fassade, die besonders gut mit dem schönen Erker harmoniert, bei dem er zum ersten Mal Eisenstrukturen eingebracht hat. Das Palais Van Eetvelde (1895) an der Avenue Palmerston 2–6 gehört zu den schönsten Bauten Hortas.

Art-nouveau-Fassade in Ixelles

Das Rathaus von Leuven

Ein architektonischer Reliquienschrein

45

Leuven (dt.: Löwen), die Universitätsstadt südlich von Brüssel, ist eine hochbetagte Stadt, in der ein junges Herz schlägt. Der Grund dafür ist, dass die gerade einmal rund 100.000 Einwohner zählende Stadt mehr als 55.000 Studenten (2016) hat. Im 15. Jahrhundert wurde die berühmte Universität gegründet, die bekannte Form des Grote Markt entstand und die schönsten Gebäude wurden errichtet: das wunderschöne Rathaus, die Tuchhalle, das Haus von Sestich, Kirchen wie die St. Gertrudiskirche und die St. Peterskirche gegenüber dem Rathaus mit ihrer einzigartigen Innenausstattung.

Die wohlhabende Stadt lag verkehrsgünstig am Handelsweg zwischen Flandern und dem Rheinland. Nicht zufällig entstand 1439 unter Herzog Philipp dem Guten von Burgund das prachtvolle Rathaus, dessen Brabanter Spätgotik abends in goldenes Licht getaucht ist. Die Bauphase dauerte 30 Jahre. Man kann den Blick kaum von dieser Schönheit abwenden und ein genaues Hinsehen bringt Bemerkenswertes zutage. Das Rathaus hat drei Etagen. Zwischen den Fenstern befinden sich jedes Mal zwei Nischen für Figuren und solche Nischen befinden sich auch in drei Ecktürmen.

236 Figuren wurden erst nach 1850 dort eingesetzt. Sie stellen eine steinerne Geschichte der Stadt dar. In der untersten Reihe sind es Künstler, Gelehrte und sonstige bedeutende Persönlichkeiten. Die Figuren der zweiten Reihe repräsentieren die städtischen Freiheiten und zeigen die Patrone der unterschiedlichen Pfarreien. In der dritten Reihe schließlich sind die Grafen der Grafschaft Leuven und die Herzöge von Brabant zu bewundern ebenso wie König Leopold II. von Belgien und Napoleon Bonaparte. Die Türme tragen mehrere Propheten. Die Sockel der Nischen zeigen aus Stein gehauene Bibelszenen, in denen jeweils das Motiv von Sünde und Strafe wiederkehrt. Tipp: Zythos-Bierfestival, das größte Bierverkostungsfestival belgischer Biere in Europa. In der Bierstadt Leuven ist die weltgrößte Brauerei, InBev, ansässig.

www.visitleuven.be/de/bierhauptstadt

Fulminant filigran: Eines der schönsten Rathäuser Europas mit seinen 300 Fassadennischen und 236 Statuen

Johann Sebastian Bach in über 90 m Höhe lauschen

46

Mechelen – die bezaubernde Glockenspielerstadt

Der Turm der Kathedrale St. Rombouts: ein monumentales, filigranes Meisterwerk der Gotik, das wie ein Leuchtturmriese in der Landschaft steht und als Glockenturm Weltkulturerbe ist. Er sollte mit 167 m einmal der höchste Kirchturm der Welt werden, aber aufgrund klammer Kassen mussten die Mechelener den Bau bei 97 m stoppen. Es entstand der Turm ohne Spitze. Den Weg in den Himmel bis auf 97 m muss man wagen. Der Rundblick vom „Skywalk" aus, der gläsernen Plattform, ist fantastisch (man sollte aber schwindelfrei sein). Bei gutem Wetter erkennt man das silbern glänzende Atomium von Brüssel und den Hafen von Antwerpen.

Der Kathedralenturm hat es in sich: 538 Stufen führen hinauf, unterbrochen durch sechs große Etagenräume, in denen man auf Bänken verschnaufen und durch Glas einen Blick ins Innere der Kathedrale werfen kann. Der Höhepunkt: das Uhrwerk und gleich zwei Carillons mit je 49 Glocken – einmalig!

Mechelen ist Heimat einer berühmten Glockenspielerschule. Sie wurde 1922 von dem Glockenspieler Jef Denyn gegründet und war damals weltweit die erste ihrer Art. Nach wie vor hat die Schule einen ausgezeichneten Ruf. Die Glockenspielerschule kann besichtigt werden. Interessierte können zwischen zwei Führungen bei Tourismus Mechelen wählen. Der Guide ist ein Glockenspieler, der den Besuchern alles über die uralte Glockenspieltradition der Stadt erzählt und ein kleines Konzert auf dem Turmglockenspiel gibt (von Bach bis Lady Gaga). Einzigartig! Ebenfalls sehenswert: das neue Museum Hof van Busleyden in einem großartigen und imposanten Stadtpalast aus der Renaissance (es gibt rund 300 Renaissancebauten in der Stadt). Mega-In: De Vleeshalle, ein Paradies für Foodies.

www.visit.mechelen.be/de/glockenspielerschule
www.hofvanbusleyden.be/de
www.devleeshalle.be/nl/home

Überragend: Der Turm der Kathedrale St. Rombouts in Mechelen

Gent – lichtverspielt und autofrei

47

Die Stadt mit der beeindruckendsten historischen Kulisse in Belgien

Ein Labyrinth von Grachten und Kanälen durchzieht die Inselstadt an der Leie. Die typische Skyline trägt Meilensteine flämischer Architektur und der Scheldegotik: den Belfried (95 m hoch), die Tuchhalle, den Genter Dom (St.-Bavo-Kathedrale), die Sint-Niklaaskerk mit dem von vier Ecktürmen flankierten Vierungsturm und das wie in einem Ritterfilm mystisch anmutende düstere Bollwerk der Wasserburg Grafensteen. Und wenn es dunkel wird, lächelt Gent noch einmal so verführerisch. Nicht nur die Szenerie an der Graslei und der Korenlei macht einen Bummel zu einem herzerwärmenden Erlebnis, das auch im Winter sein nahezu poetisches Lichtspiel zeigt. Eine Augenweide sind die auf den dunklen Wasserspiegeln und an den Fassenden tanzenden und glimmernden Lichtreflexe in den prächtigen Fassaden der Patrizierhäuser mit ihren wundervollen Treppengiebeln überall in der Innenstadt.

Beim Verkehrsamt in der Sint-Veerleplein 5 gibt es eine Broschüre mit dem historischen Lichtspaziergang auch zum Download. Der Genter Beleuchtungsplan für die Innenstadt wurde mehrfach ausgezeichnet. 2011 war die Stadt mit dem ersten Lichtfestival (im Dreijahresrhythmus) bahnbrechend. Dieses Illuminierungsspektakel, von internationalen Lichtkünstlern konzipiert, findet 2021 erneut statt. Eine Szenerie wie geschaffen für das Lichtfestival von Gent.

Internationale Lichtkünstler sind am Werk und nutzen dabei modernste Techniken wie beispielsweise 3D-Mapping. So erwecken sie Illusionen von einstürzenden Bauten, die wie von Zauberhand zu neuen Konstruktionen zusammengesetzt werden. Der Betrachter kann sich zwischen Fiktion und Realität bewegen. Und in Gent macht Bummeln noch so richtig Laune – zu jeder Jahreszeit, denn die gesamte Innenstadt ist autofrei und verfügt über die größte autofreie Einkaufsmeile in ganz Europa. Und man feiert: Während der zehntägigen Genter Feste vibriert die Stadt in einer einzigen Sommerparty.

www.visitgent.be

Ein imposantes Postkartenpanorama: die historische Altstadt von Gent

Gent – Der Schatz der Monuments Men

48

„Die Anbetung des Lamm Gottes" der Gebrüder van Eyck gilt als eines der einflussreichsten Gemälde aller Zeiten

1945 haben sich die berühmten „Monuments Men" den Genter Altar zurückgeholt. Damals haben die Einwohner von Gent, die zu diesem Anlass sehr respektvoll ein Ehrenspalier bildeten, den Genter Altar wie ein Geschenk Gottes empfangen. Die besondere Geschichte von „Monuments Men" (amerikanischen Kommandos aus Kunstexperten, die gestohlene Kunstwerke wiederbeschafften) wurde verfilmt. Der Film „The Monuments Men – Ungewöhnliche Helden" beginnt daher mit Aufnahmen in der St.-Bavo-Kathedrale in Gent. Der 1432 enthüllte Genter Altar oder mit vollem Titel „Die Anbetung des Lamm Gottes" der Gebrüder van Eyck ist eines der am meisten besuchten Werke in der Geschichte der Malerei auf der ganzen Welt. Insgesamt 18 Tafeln zeigen magische biblische Szenen mit unglaublichen Detaildarstellungen. Ein innerer Glanz, eine mikroskopische Meisterschaft geht von ihm aus.

Der monumentale Genter Altar wurde auf Eichentafeln gemalt, die mit dünnen Schichten aus einer Kreide-Leim-Mischung bedeckt waren. Die Figuren wurden in mehreren Schichten Ölfarbe aufgetragen. Die Kombination der Miniaturarbeit mit der lichtdurchlässigen Farbe schafft eine zusätzliche Dimension. Im Juni 2020 soll das neue Besucherzentrum in der St.-Bavo-Kathedrale fertig sein. Im Mittelpunkt: das bis 2019 restaurierte Meisterwerk des Genter Altars, um den sich viele Legenden ranken. Denn es fiel oft Diebstählen zum Opfer. Die Tafeln „Johannes, der Täufer" und „Die Gerechten Richter" wurden 1934 gestohlen. Erstere wurde von Unbekannten zurückgegeben, während Letztere bis heute unauffindbar ist.

Den Altar online im Detail ansehen:

www.artsandculture.google.com/partner/lukas-art-in-flanders
www.visitgent.be

Das Lamm Gottes – eines der einflussreichsten Gemälde aller Zeiten

Rubens und Antwerpen

Europäer aus tiefster Überzeugung

49

Nie zuvor wurden die malerischen Traditionen Nord- und Südeuropas auf so vollkommene Weise miteinander verknüpft wie durch seinen Pinselstrich. Rubens war Europäer aus tiefster Überzeugung. Nichts scheint natürlicher, als Antwerpen und Rubens in einem Atemzug zu nennen. Nicht nur, dass Rubens sich die längste Zeit seines Lebens in Antwerpen aufhielt (1577 geboren in Siegen, 1640 gestorben in Antwerpen), da er nicht nur als Maler, sondern auch als Diplomat, Illustrator, Architekt, Sammler und Lehrer wirkte, hinterließ er bleibende Spuren in Antwerpen. Noch heute sonnt sich Antwerpen im Glanz seines Genies. Nur in wenigen Kirchen Antwerpens gibt es kein Rubensgemälde (herausragend: Liebfrauenkathedrale und Sint-Paulus-Kirche) und die großen Museen sind stolz auf unsterbliche Werke von seiner Hand.

Geführte Spaziergänge versetzen jeden in die Lage, den Reichtum an Kunstschätzen, den der Maler in Antwerpen hinterließ, zu entdecken. Rubens ist vor allem als Maler von Altarbildern bekannt, deren religiöse Symbolik uns heute eher rätselhaft ist. Auch seine Darstellungen üppiger Frauen zeugen von einem Frauenbild, das nicht gerade unserem heutigen Ideal entspricht. Durch den intelligenten Einsatz seiner Kreativität ist es Rubens gelungen, ein Universum zu schaffen, das die Wirklichkeit und jede Zeitgebundenheit übersteigt und somit für das 17. Jahrhundert ebenso relevant ist wie für die Gegenwart. Eines der charmantesten Bauwerke Antwerpens, das Rubenshaus, verzaubert den Betrachter in eine vergangene Welt. In Rubens' Werken, der Einrichtung und den Arbeitsräumen wird das 17. Jahrhundert wieder lebendig. Der Portikus und der Gartenpavillon – die beiden Blickfänge des Rubenshauses – können wieder vom breiten Publikum bewundert werden. Der Meister hat beide Elemente selbst entworfen. Sie gelten heute als seltene Spuren von Rubens als Architekt.

Antwerpen: Das Rubensdenkmal am Groenplaats

Die Eisenbahnkathedrale

50

Der Antwerpener Bahnhof

Auch wenn Sie nicht mit dem Zug anreisen, sollten Sie den Bahnhof von Antwerpen unbedingt besuchen. Ein wunderbarer Spaziergang vom Stadtzentrum aus führt zum Bahnhof. Über die mondäne Shopping Mall Meir mit ihren prunkvollen Gebäuden wie dem Stadsfeestzaal und dem Paleis op de Meir, dem Stadtpalais mit majestätischer Würde, denn hier wirkten Napoleon, die belgischen Könige und die Prinzen von Oranien.

Die Meir geht in die De Keyserlei über, die mit ihren vielen Restaurants und Cafés internationaler Prägung auftrumpft. Und dann erreicht man sie, die Astridplein vor dem Antwerpener Hauptbahnhof (Antwerpen-Centraal), den die Einheimischen liebevoll „Eisenbahnkathedrale“ nennen. Das Bahnhofsgebäude ist in Europa wohl einmalig und ein Besuch lohnt sich sehr. Die Kuppel, Marmorsäulen und Freitreppen machen es zu einem Prunkstück der Stadt. Es ist im eklektischen Stil entworfen. Das grandiose Bauwerk besteht aus dem eigentlichen Bahnhofsgebäude und der Bahnsteighalle mit ihrem Eisen-Glas-Dach.

Dieses Dach entstand zwischen 1895 und 1899 nach einem Entwurf von Clement van Bogaert. Es ist 43 m hoch, 186 m lang und 66 m breit. Von 1899 bis 1905 wurde an dem Bahnhofsgebäude im Gründerzeitstil gebaut. Der Architekt Louis Delacenserie hatte sich u.a. am Pantheon in Rom orientiert. Die Kuppel, die an die Vierungskuppel einer Kathedrale erinnert, ist stolze 75 m hoch. Am 11. August 1905 wurde der Bahnhof festlich eingeweiht. 1975 wurde er unter Denkmalschutz gestellt. Das amerikanische Magazin „Newsweek“ kürte den Antwerpener Hauptbahnhof 2009 zum viertschönsten Bahnhof der Welt. Bis 2007 war der Hauptbahnhof nur ein Kopfbahnhof. Dann wurde der Eisenbahntunnel zwischen dem Bahnhof und dem Norden der Stadt angelegt.

www.visitantwerpen.be

Legen Sie ruhig einmal den Kopf in den Nacken, um die imposante Struktur dieses Prachtbaus zu studieren

Das DIVA in Antwerpen

Welch ein Name für ein Diamantenmuseum

51

Im DIVA sind Luxusobjekte aus allen Himmelsrichtungen zu sehen. Im Atelier lernt man das Handwerk näher kennen, bei dem Diamanten und Edelschmiedekunst miteinander verschmelzen. Man entdeckt dort die Bedeutung Antwerpens als Weltzentrum des Diamantenhandels. Im Tresorraum steht Authentizität und Ethik der Diamanten- und Edelschmiedekunst im Fokus. Zu guter Letzt kann man die glitzernden Juwelen im Boudoir bewundern. Broschüren und Führungen gibt es auch in Deutsch.

Die Straße der „Diamantaires" ist die Hoveniersstraat. Hier drängt sich fast die ganze Branche an einer kaum 200 m langen Straße beim Bahnhof und ein paar umliegenden Straßen zusammen. Wer aber ein glitzerndes Luxusviertel erwartet hat, erlebt eine Überraschung: Es dominieren nüchterne Zweckbauten des Großhandels, der keine Schaufenster benötigt, aber umso mehr Sicherheit.

Das mit Barrieren geschützte Viertel strotzt vor Militär, Polizei, privaten Sicherheitsleuten und Kameras. Laut AWDC (Antwerp World Diamond Center) werden vor Ort rund 84 Prozent der Weltproduktion an Rohdiamanten gehandelt. Geschliffen wird größtenteils im billigeren Asien. Einer von zwei Diamanten kommt jedoch nach dem Schliff nach Antwerpen zurück, wo etwa die Hälfte der geschliffenen Ware weltweit gehandelt wird.

Die Antwerpener Diamantentradition reicht über 550 Jahre zurück und ist der Bedeutung der Hafenstadt als Handelszentrum zu verdanken. Noch heute wird ein Handel per Handschlag und einem „Mazal" oder „Mazal U'Bracha" (hebräisch für „Glück und Segen") besiegelt. Der größte und teuerste Diamant, der in Belgien geschliffen wurde, erhielt den Namen „Centenary". Ein Juwel von 237,85 Karat, so groß wie ein Ei; er wurde vom weltberühmten Diamantschleifer Gaby Tolkowsky während drei Jahren geschliffen. Um den Stein 1991 in aller Öffentlichkeit sicher zeigen zu können, musste zuerst eine Versicherung in Höhe von 500.000 Dollar pro Karat abgeschlossen werden.

www.visitantwerpen.be

Auf dem Weg ins Diamantenviertel: prächtige Bauten an De Meir, wie der Stadsfeestzaal (hinter der schmiedeeisernen Tür)

Brügges Juwele in neuem Glanz

Museum Plantin-Moretus, Stadtpalais van Gruuthuse und Liebfrauenkirche

52

Brügges Altstadt ist wie ein Open-Air-Museum. Sie gehört zum UNESCO-Weltkulturerbe. Die seichten Kanäle, die schmucken Häuser, kunstvolle Fassaden, mit Kunstwerken gespickte Kirchen und idyllische Flecken wirken wie aus einer anderen Zeit. Einer Zeit, in der die Herzöge von Burgund hier residierten. Das beeindruckendste Erbe aus dieser Epoche ist das ehemalige burgundische Schloss aus dem 15. Jahrhundert am Prinsenhof mitten im Stadtkern (heute Luxushotel). Seit Mai 2019 erstrahlt eines der Juwele von Brügge in neuem Glanz. Das luxuriöse Stadtpalais der Herren van Gruuthuse öffnete nach umfangreicher Restaurierung und Umgestaltung wieder seine Tore und präsentiert seine einzigartige Sammlung angewandter Kunst aus den Niederlanden vom 15. bis zum 19. Jahrhundert.

Die neben dem Palast gelegene Liebfrauenkirche, die Werke flämischer Meister und die Gräber der Herzöge von Burgund sowie Michelangelos Brügger Madonna beherbergt, wurde ebenfalls umfassend restauriert und hat einen neuen Zugang erhalten. Diese wunderschöne Kirche, die noch bis 2019 restauriert wurde, zeichnet sich dadurch aus, dass sie den zweithöchsten Backsteinturm der Welt besitzt (115 m). Die meisten Besucher kommen jedoch, um die Statue der „Madonna mit Kind“ zu sehen. Diese wertvolle Statue aus weißem Marmor wurde um 1504 von Michelangelo erschaffen.

Das Museum Plantin-Moretus ist aus der von Christoph Plantin im Jahr 1555 gegründeten Officina Plantina hervorgegangen, der ersten „industriellen“ Druckerei der Geschichte. Das Druckereimuseum befindet sich am malerischen Vrijdagmarkt mitten in der historischen Altstadt. In dem luxuriösen Patrizierhaus wohnten und arbeiteten die Meister des „Gulden Passer“ (Goldener Zirkel). In dem Haus befindet sich die einzige noch funktionsfähige Druckerei aus dem Zeitalter der Renaissance. Auch aus diesem Grund hat die UNESCO das Haus ins Weltkulturerbe aufgenommen.

www.visitbruges.be/de

Brügge ist ein offenes Museum und ein Traum für jeden Besucher

Spuren im Sand

Das größte Strandskulpturenfestival seiner Art

53

Ob Motive aus der Ostender Geschichte, Fantasiegebilde oder Kathedralen der Welt – jedes Jahr im Sommer können Besucher am Strand von Ostende auf über 10.000 m^2 in eine faszinierende Märchenwelt aus Sand eintauchen: 150 bis zu 12 m hohe Figuren und Skulpturen, darunter viele bekannte aus Disney-Filmen, bilden die „Stadt der Träume". Wer den gesamten, 1 km langen Weg durch die Freiluftgalerie nehmen und alle Kunstwerke ausführlich bestaunen will, sollte etwa eine Stunde Zeit einplanen.

Das Sandskulpturenfestival ist laut dem „Guinness Buch der Rekorde" als das größte Festival seiner Art. Rund 40 Künstler aus zwölf Ländern, darunter Australien, USA, Spanien, Deutschland und Frankreich, verbauen für die „Stadt der Träume" nicht weniger als 240 Lastwagenladungen an Höhlensand aus den Ardennen. Dieser hat eine besondere Körnung und enthält viel Ton, sodass er in der Sonne austrocknet. Dies stellt sicher, dass die Sandskulpturen bei warmem und sonnigem Wetter mit einer Struktur fast versteinert werden. Je mehr die Sonne auf das Meer scheint, desto härter und wetterfester werden die Kunstwerke am Strand.

In einem warmen Sommer wird das Festival sogar automatisch bis Ende September verlängert. Man darf sich auf atemberaubende Kunstwerke freuen, die aufgrund ihrer Monumentalität eine eigene Welt an den Strand zaubern. Nehmen Sie in einem der Liegestühle oder auf einem Thronsessel Platz vor dieser Kulisse und fühlen Sie sich wie auf einem unentdeckten Planeten. Super-Selfies garantiert!

www.visitoostende.be/de

Walt Disney World lässt grüßen: riesige Sandskulpturen in Ostende

Venezianische und königliche Galerien an der Nordsee

54

Zeugnisse des einstigen Nobelseebads Ostende

Auf Wunsch von König Leopold II. entwarf Henri Maquet im Jahr 1900 die erste königliche Galerie in Ostende: eine L-förmige, geschlossene und überdachte Verbindung zwischen dem königlichen Chalet und einem großen achteckigen Salon. Die Galerie ist jetzt unter dem Namen „Venezianische Galerien" bekannt, ein Fingerzeig auf die klassizistische Architektur wie in Venedig.

Ostende ist jene Stadt, in der König Leopold I. ein Holzchalet auf einer einsamen Düne bauen ließ und wo sich – in der Langestraat – die königliche Residenz befand. Unter anderem entwarf Leopold I. die direkte Eisenbahnverbindung zwischen Brüssel und Ostende (1838) und genehmigte die erste reguläre Fährverbindung nach Dover (1846). Es war jedoch König Leopold II., der Ostende (seinen bevorzugten Wohnort) in die „Königin der belgischen Badeorte" verwandelte. Die Stadt wurde modernisiert und neue Gebäude entstanden – wie das Casino Kursaal Ostende, die Pferderennbahn Wellington und die königlichen Galerien. Diese schließen sich an die venezianischen Galerien an. Mit circa 400 m Länge bieten sie Schutz vor Sonne, Wind und Regen. Geschützt flanieren bei jedem Wetter, direkt am Strand, das findet man selten.

Eines der vielen Projekte von König Leopold II. war der Bau eines großen Thermal-Instituts gegen die Kolonnade, die er Anfang des Jahrhunderts errichten ließ. Ein Schwimmbad und ein luxuriöses Hotel mit verschiedenen Konferenzräumen wurden ebenfalls gebaut. Im Jahr 1933 wurde das majestätische Hotel Thermae Palace im Art-déco-Stil von König Albert I. und Königin Elisabeth offiziell eröffnet. Die vollständig symmetrische Struktur des Gebäudes besteht aus 18 einzigartigen und luxuriösen Räumen. Sie sollten sich von dem schlichten, beigefarbenen und kastenförmigen Bau nicht täuschen lassen.

Thermae-Palace-Grandezza

Dünenwanderung in De Panne

55

Bis nach Frankreich hinein

Der Badeort De Panne liegt quasi auf der Grenze zu Frankreich. Die Dünen hier mit den sich daran anschließenden Dunes de Flandre, den Dünen von Flandern in Frankreich, gelten als die größten in ganz Europa. Hier kann man nach Herzenslust am Meer entlanggehen oder an den Dünen vorbei wandern bis hinüber nach Dünkirchen, dem französischen Badeort. 15 km lang ist hier der Sandstrand, der sich von Bray-Dunes, dem belgischen Grenzort, bis hinüber nach Dünkirchen zieht.

Herrliche Dünenlandschaften prägen dieses Gebiet. Die Dune du Perroquet ist das letzte unberührte Stück Natur in dieser belgischen Grenzregion, das sich an die Dünen von Westhoek anschließt. In diesen 250 Hektar großen Ökosystem blühen verschiedene Sorten von Orchideen. Das flämische Naturreservat De Westhoek ist 345 Hektar groß und das einzige Dünengebiet an der flämischen Küste, in dem noch alle Arten der Dünenvegetation in einer ununterbrochenen Dünenlandschaft vorhanden sind. Das Wanderroutennetz Westkust erstreckt sich von Nieuwpoort, Koksijde und De Panne über Bray-Dunes, Zuydcoote, Ghyvelde bis nach Leffrinckoucke in Frankreich. In dieser einzigartigen französisch-flämischen Grenzregion kommt man in den Genuss von 160 sorgfältig ausgesuchten Wanderpfaden.

Hier oben sind natürlich auch Sportarten und Aktivitäten am Strand und auf dem Wasser angesagt: Strandsegeln, Mountainboard, Speed-Sail, Reiten, Garnelenfischen. Die Wassersportschulen und Sportklubs bieten Funboard, Katamaran, Surfen, Paddle Board und Kitesurfen an. Kitesurfer kommen wegen des konstanten Windes, der schwachen Strömung und der breiten Strände nach De Panne. Aber aufgepasst: Von Juni bis Oktober kann das Wasser lau sein.

www.dekust.be
www.kitesurf.be/en

Die größten Dünen Europas verbinden Belgien und Frankreich

Nächster Halt: De Haan

56

Die Kusttram ist die längste Straßenbahnlinie der Welt

Es quietscht, knirscht und schaukelt. Die Tram fährt langsam in die wohl schönste Haltestelle an der Küste ein: De Haan, die barocke Perle. Die Tram ist kein Glacier Express. Sie wurde auch nicht für Panoramafahrten erfunden, sondern einfach dafür, die 15 Küstenorte schnell, direkt und auf angenehme Weise zu verbinden. Sie gibt nicht oft den Blick auf das Meer frei und verschwindet häufig hinter den Hochhausblöcken an den Uferpromenaden. Dennoch kann man durchaus – vor allem zwischen Ostende und Knokke – den Sehnsuchtsblick auf Meer, Wellen, Sonne, Wolken und Horizont genießen. Die Tram ist über 130 Jahre alt. Nirgendwo anders auf der Welt kann man ohne Umsteigen so lange mit einer Straßenbahn fahren, nämlich 67 km.

An der belgischen Küste brauchen Sie von De Panne nach Knokke-Heist etwa 143 Minuten. In de Haan angekommen, trauen viele ihren Augen nicht. Der Ort ist Belle Époque pur. Es gibt kaum Hochbauten. Der typisch anglo-normannische Baustil mit den roten Dächern, den Balkonen, den Toren und Fachwerk bestimmt den Anblick und die besondere Atmosphäre. Das Villenviertel De Concessie ist typisch für die Belle Époque an dieser Küste. Ein Spaziergang durch dieses Viertel ist der absolute Geheimtipp. Broschüren gibt es im Tourist-Info.

Auch in De Haan entstanden um 1900 erste Hotels. König Leopold II. holte den deutschen Städteplaner Joseph Stübben hierher. Die Häuser wurden damals mit Ecktürmchen, Dachfenstern und -gauben sowie Pseudofachwerk verziert. Ein wunderschönes Beispiel: das Grand Hotel Belle Vue. Stolz ist man in De Haan auch auf Albert Einstein. Ein Bronzemonument und einen Rundgang mit zehn Informationstafeln hat man ihm gewidmet. Bevor er 1933 nach der Machtübernahme der Nationalsozialisten Europa endgültig verließ, verbrachte er sechs Monate in der Villa Savoyarde.

www.visitflanders.com

De Haan, das schönste Dorf am Meer und Familienferienidylle

Mondäne Zeiten in Knokke-Heist

57

Das feine Seebad liegt unweit der niederländischen Grenze

Im Stadtteil Het Zoute sind Luxus und feine Lebensart pur angesagt, das ganze Jahr über. In der Saison verwandelt es sich zur Badewanne der Bourgeoisie, eine Strandbar reiht sich neben die andere. Knokke hat Stil, das renommierte Casino ist mit Kunstwerken (u.a. Magritte, Delvaux) und mit einem riesigen Kronleuchter ausgestattet. Knokke verfügt über einen kilometerlangen Strand und den entsprechenden Zeedijk, der daran entlangführt und zum stundenlangen Flanieren einlädt. Die fünf Strandabschnitte heißen Heist, Duinbergen, Alberstrand, Knokke und Het Zoute.

Wer mit der Kusttram nach Knokke fährt, kann von der Tramstation über die Lippenslaan mit den vielen Boutiquen, Geschäften und Restaurants direkt ins Zentrum bis auf die Kustlaan spazieren. Hier schlägt das Herz von Zoute: Noble Marken, Schick und Charme, Galerien. Hotel- und Restaurantterrassen sind Schlemmerbühnen. Man sieht die nobelsten und angesagtesten Outfits, die edelsten Gefährte, hochkarätige Kunstgalerien (über 50) und große Modelabels.

Die Lippenslaan kreuzt die Elizabetlaan. Dieser prachtvolle Boulevard steht wie kein anderer für das Lebensgefühl in Knokke. Weiß getünchte Villen und Herrenhäuser mit roten Ziegeldächern in Grünanlagen, Parks, Komforthotels und Art de vivre. Die Elizabetlaan führt von Heist bis nach Zoute. Von ihr geht die Zoutelaan ab. Sie führt in ein Viertel mit wunderschönen Häusern in parkähnlichen Grundstücken, die eine Augenweide sind. Die Zoutelaan zieht sich bis an den Golfplatz in Het Zoute zum Ortsrand hin. Am Ende von Het Zoute erstreckt sich der Naturpark De Zwinduinen en Polders (mit dem einzigartigen Vogelnaturpark Het Zwin) in die Dünen hinein bis ans Meer.

www.visitflanders.com

Knokke: das feine Seebad an der belgischen Küste

Auf Flanderns Feldern blüht der Mohn

58

Für immer und alle Ewigkeit

Auf Flanderns Feldern blüht der Mohn
Zwischen den Kreuzen, Reihe um Reihe,
Die unseren Platz markieren; und am
Himmel
Fliegen die Lerchen noch immer
tapfer singend
Unten zwischen den Kanonen kaum gehört.

Wir sind die Toten. Vor wenigen Tagen noch
Lebten wir, fühlten den Morgen und sahen
den leuchtenden Sonnenuntergang,
Liebten und wurden geliebt, und nun
liegen wir
Auf Flanderns Feldern.

Nehmt auf unseren Streit mit dem Feind:
Aus sinkender Hand werfen wir Euch
Die Fackel zu, die Eure sei, sie hoch
zu halten.
Brecht Ihr den Bund mit uns, die wir
sterben
So werden wir nicht schlafen, obgleich
Mohn wächst
Auf Flanderns Feldern.

Quelle: visitflanders.com

Im Jahr 1915 wurde dieses Gedicht des kanadischen Militärarztes Oberstleutnant John McCrae unter dem Titel „In Flanders Fields“ veröffentlicht. Am 31. Oktober 2001 wurde am Menen-Tor in Ypern zum 25.000. Mal der Last Post (militärisches Hornsignal Großbritanniens) geblasen. Aus diesem Anlass übersetzte der damalige Antwerpener Stadtdichter Tom Lanoye mehrere Kriegsgedichte, darunter auch dieses Sonett.

Das Menen-Tor, ein mächtiges Bauwerk aus hellem Stein, wurde 1927 eingeweiht. Die Namen von knapp 55.000 Briten, Australiern, Kanadiern, Südafrikanern und Indern sind dort eingraviert – Soldaten, die bis heute vermisst werden. Seit 1928 wird jeden Abend um 20 Uhr der Last Post geblasen, herzergreifend. Es gibt sechs touristische Autorouten in Ypern, deren roter Faden der Erste Weltkrieg ist. Das Gedicht gab auch einem der bedeutendsten Militärmuseen Europas seinen Namen: Das „In Flanders Fields Museum“ in Ypern birgt die historische Geschichte des Ersten Weltkriegs in der westflämischen Frontregion Westhoek. Es befindet sich in den wieder aufgebauten Tuchhallen von Ypern.

www.inflandersfields.be

Die neue Dauerausstellung erzählt von der Invasion Belgiens und den ersten Monaten des Bewegungskriegs, von den vier Jahren Stellungskrieg im Westhoek – Gänsehaut, emotional, unglaubliche Detailausstattung!

Das Katzenfest von Ypern

Die legendären Tuchhallen

59

Im Mittelalter war Ypern neben Brügge und Gent eine florierende Handelsstadt für Tuche. Die eindrucksvollen Tuchhallen am gemütlichen Grote Markt mit seinen Cafés und Fassadenreihen zeugen noch heute davon; sie sind real noch viel imposanter als auf Bildern. Im Westflügel der Hallen wurde ein neues Besucherzentrum eingerichtet. Die im Ersten Weltkrieg arg beschädigte Stadt verfügt zudem seit 2012 über ein modernes und einzigartiges Militärgeschichtsmuseum: Das „In Flanders Fields Museum".

Die Tuchhallen wurden 1304 fertiggestellt. Aus dem langen Vorbau (125 m) erhebt sich in der Mitte mit 70 m Höhe ein kolossaler Belfried. Das mittlere Geschoss beherbergte die Waffenkammer. Hier findet das berühmte Yperner Katzenwerfen statt. Im Glöcknerhaus befindet sich das Glockenspiel mit 49 Glocken.

Sehenswert sind das Rathaus, das Nieuwerck auf einer Spitzbogenreihe sowie die Maartinskathedrale im gotischen Stil mit dem Grab des Grafen Robrecht van Thune, dem „Löwen von Flandern". Im Stadtmuseum mit seinen vielen Schätzen der schönen Künste und Kunstgegenstände erleben Besucher die jahrhundertealte Geschichte Yperns. Während des traditionellen „Kattestoet" (Fest der Katzen, mit Umzug und Programm in der ganzen Stadt) werden Spielzeugkatzen (in der Vergangenheit waren es leider lebende Katzen) vom Rathausturm geworfen. Das geht auf eine alte Tradition zurück: Im Obergeschoss der Tuchhalle (Lakenhal) wurde im Winter die Wolle gelagert. Dort wimmelte es von Mäusen, sodass man Katzen hingebracht hatte, damit die Mäuse verschwanden. Aber in kurzer Zeit wurde aus der Mäuse- eine Katzenplage. Was nun? Im Frühling wurde die Wolle kontrolliert und verkauft. Danach wurden die Katzen vom höchsten Turm des Gebäudes auf den Platz geworfen, um die Tötung der Dämonen des Winters zu symbolisieren. Mit einem einzigartigen Umzug gedenkt die Stadt Ypern alle drei Jahre seiner Geschichte. Im Mittelpunkt stehen dabei die beiden 10 m großen Katzenfiguren Cieper und Minneke, die als Maskottchen der westflämischen Stadt verehrt werden.

www.toerismeieper.be

Eines der famosesten Bauwerke in Belgien: die Tuchhalle in Ypern

Kortrijk – Architekturjuwel Beginenhof

60

Neue Form der Lebensgemeinschaft

Der Platz im Schatten der Kirche ist sehr lauschig, baumbestanden mit Bänken, Brunnen und Statuen. Zwischen der Liebfrauenkirche und der Sankt-Martins-Kirche liegt das Juwel von Kortrijk, der kleine Beginenhof aus dem 13. Jahrhundert. Er wurde vermutlich 1238 von der Gräfin Johanna von Konstantinopel errichtet. Die 41 weiß getünchten Häuser in den Gebäudeensembles mit ihren roten Ziegeldächern stammen aus dem 17. Jahrhundert. Ein kleines Museum erzählt von der Geschichte dieses Ortes. Eine Augenweide ist das Doppelgiebelhaus in rotem Ziegelstein mit der kleinen markanten Rundbogentür und dem niedlichen Vorgarten.

Gegen Ende des 12. Jahrhunderts suchten in den flämischen Regionen die Frauen nach neuen Formen von Lebensgemeinschaften. Sie konnten bis dahin entweder heiraten oder als Nonne ins Kloster gehen. Die Beginen entschieden sich bewusst für ein spirituelles Leben, aber ohne das ewige Gelübde abzulegen. Anfangs lebten sie in Häusern in der Nähe einer Kapelle oder eines Hospitals, später entstanden dann die Beginenhöfe.

Historiker betrachten als Gründer der ersten Beginenvereinigung den Priester und Reformer Lambert le Bégue (von „bègue" soll „Beginen" abgeleitet worden sein). Lambert, der Stotterer, trat in Lüttich im 12. Jahrhundert als Reformer auf. Wegen ihres guten Rufes waren die Beginenhöfe von der Französischen Revolution verschont geblieben. Heute werden in Flandern noch 26 Höfe gezählt, die ganz oder teilweise erhalten sind. Das ist die höchste Konzentration an Beginenhöfen in der Welt!

1998 wurden 13 repräsentative flämische Beginenhöfe als „bleibende und einmalige Zeugen dieser bedeutenden mittelalterlichen mystischen Strömung" von der UNESCO in die Liste des Weltkulturerbes aufgenommen: Brügge, Dendermonde, Diest, Gent, Hoogstraten, Kortrijk, Leuven, Lier, Mechelen, Sint-Amandsberg, Sint-Truiden, Tongeren und Turnhout. Beginenhöfe sind oft wahre Meisterwerke der Architektur.

Die Authentizität dieses sogenannten Straßen- und Platzbeginenhofs in Kortrijk ist erstaunlich und einfach bezaubernd. Hier möchte man gern eine Weile verbringen und sich von der Atmosphäre einfangen lassen.

Das Teseum – Stadt unter der Erde

61

Die Schatzkammer der Basilika in Tongeren

Tongeren ist die erste Stadt Belgiens. 2000 Jahre alt. Mit Basilika, Beginenhof und dem gallo-römischen Museum und nun dem Teseum. Archäologen haben den Untergrund der Basilika ab 1996 eingehend und mit viel Erfolg untersucht. An dieser ergiebigen Fundstelle entdeckte man Überreste von Stadtvillen und Wohnungen aus über 130 Generationen, die an dieser Stadt (in der sie leben, arbeiten und wohnen konnten) seit dem 2. Jahrhundert gebaut haben. Die Reliquien davon sind in dieser archäologischen Fundstätte zu sehen, die man mit einem iPod audiovisuell besichtigen kann.

Die Interieurs römischer Stadtwohnungen und sogar die Außenwände waren farbenreich verputzt. Fragmente von Wandmalereien kamen bei den Ausgrabungen zum Vorschein: gemalte Marmorimitationen, Pflanzenmotive, menschliche Figuren Wandmalereien und vieles mehr. Die Reste dieser Wohnungen im Stadtzentrum laufen unter der ganzen Kirche hindurch und bis weit darüber hinaus. In rund 20 Sälen dieses unterirdischen archäologischen Museums kann man dies nachvollziehen wie an kaum einer anderen vergleichbaren Stätte. Unter den Bodenfliesen der heutigen Basilika befinden sich zudem Überreste von nicht weniger als sieben Kirchen – von der römischen Basilika über die spätkarolingische Kirche bis hin zur gotischen Erweiterung.

Das Teseum betritt man durch den romanischen Seitenturm aus dem 12. Jahrhundert. Er ist ein Überrest der Festungsmauer, die als private Verteidigungsmauer um das Monasterium der Kanoniker und die Kirche lief. Er ist das älteste überirdische Bauwerk in Tongeren. Während sich zum Untergeschoss hin der Zugang zum archäologischen Bereich befindet, geht man über eine Wendeltreppe hinauf in die eigentliche Schatzkammer. Der Kirchenschatz ist einzigartig in der Region der „einstigen Niederlande“. Zu verdanken ist dies dem Liebfrauenkapitel und seinen Kanonikern.

www.toerismetongeren.be

Teseum und Kreuzgang der Basilika in Tongeren

Lommel (Bosland) – Wüstensand und Meeresblau aus der Hängematte

62

Das Naturgebiet ist ein ideales und unvergleichliches Wanderterrain

Das sogenannte Limburger Kempenland strotzt nur so von Naturschönheiten. Tausende Hektar Wald, Heide, Dünen und Weißsandflächen prägen diese Region. Eine schon fast südländische Vegetation stellen die riesigen Kiefernwälder dar. Ein Mekka für Naturfreunde und einer der bezauberndsten Plätze in Flandern ist die sogenannte „Sahara“ in Lommel, nördlich von Zolder. Inmitten dieses 200 Hektar großen Gebiets traut man seinen Augen kaum, wenn man vor einer riesigen Sanddüne steht, die sich zu einem himmelblauen kleinen Meer erstreckt. Keine Fata Morgana! Ebenso wenig wie die von duftenden Nadelbäumen umgebenen kleinen Weiher und Seen mittendrin.

Das von Menschenhand geschaffene Paradies entstand eigentlich aus einer Umweltsünde heraus. Durch die früher in Lommel ansässige Schwerindustrie wurde die Vegetation zerstört. Aus weiten Waldgebieten entstanden wahre Wüstenlandschaften. Der Sand gewann mehr und mehr Land und die Wüste wuchs weiter, bis man schließlich das ganze Gelände sanierte und zu einem Naturschutzpark machte. 70 Prozent des Gebiets wurden bepflanzt, um die Versandung zu stoppen. Die Sandgruben wurden mit Wasser gefüllt und sind heute eine Oase am Rand dieser nördlichsten Wüste der Welt. Die malerischen Landschaften und die enorme Abwechslung machen eine Wanderung hier zu einem einmaligen Erlebnis.

Ausflugstipp: der Aussichtsturm in 30 m Höhe. Lang ausgestreckt dem Rauschen des Windes durch die Bäume lauschen oder wohltuende Sonnenstrahlen genießen? In der Sahara von Lommel ist es von einer Hängematte aus möglich (mit Reservierung). Die Hängematte steckt zusammen mit Befestigungsschnüren in einem praktischen Bosland-Rucksack.

Routen: Blaue Wanderung: 2,9 km – Kinderwanderung, Orangefarbene Wanderung: 5,9 km, Rote Wanderung: 12 km. Infos gibt es im Regionalen Besucherzentrum in Lommel. Dort gibt es auch Kartenmaterial. Startpunkt: Veranstaltungshalle De Soeverein, Sportveldenstraat 10, B-3920 Lommel.

www.tourismelommel.be/de/die-sahara

Die „Sahara“ in Lommel

Radfahren durch einen See

Spektakuläre Routen in der belgischen Provinz Limburg

63

Mit normalen Radrouten gibt man sich in der belgischen Provinz Limburg nicht zufrieden. Hier wird immer etwas Neues geboten. Wie wär's mit Radfahren durch einen See, mit dem Wasser bis zum Hals und den Wasservögeln auf Augenhöhe? Oder radeln auf 10 m Höhe zwischen den Bäumen? Im Herzen von Limburg, im Park Midden Limburg, trifft man auf eines der schönsten Rad- und Wandergebiete im Dreiländereck Belgien-Deutschland-Niederlande.

De Wijers ist ein Land mit 1001 Seen, wie der Name es schon vermuten lässt. Es erstreckt sich über Zonhoven, Houthalen-Helchteren, Heusden-Zolder, Diepenbeek, Lummen, Genk und Hasselt. Die vielen kleinen Teiche und Seen in dieser Wasser- und Schilflandschaft bieten einen idealen Lebensraum für Amphibien, Wasservögel und Stelzenläufer. Radfahren ist hier nicht nur romantisch, naturbelassen, erfrischend, entspannend, sondern auch abenteuerlich. Beispielsweise am Rand des Freilichtmuseums Bokrijk, einer der Zugangsstellen zu den De Wijers. Radfahren durchs Wasser, genauer gesagt durch einen See auf Augenhöhe mit der Wasserfläche und den Wasservögeln, ist absolut originell. Eine überragende Panoramaaussicht über de Wijers erhalten Besucher, die auf den 15 m hohen Turm in Zonhoven klettern. Ein weiterer idealer Ausgangsort für einen Ausflug in das Seen- und Teichgebiet ist die Abtei Herkenrode. Landschaft satt. Mittendrin die majestätische Abtei mit ihren langen Gebäudeflügeln, die große Innenhöfe umschließen.

Radfahren durch einen See ist nicht genug. In Pijnven setzt man noch einen drauf. In einer waldreichen Umgebung wird das Radfahren zu einer besonderen Erfahrung der Sinne. Tatsächlich befahren die Radfahrer einen Doppelkreis bis auf 10 m Höhe zwischen den Bäumen. Der Weg steigt allmählich bis auf eine Höhe von 10 m an und ist 700 m lang. Der Durchmesser der Brücke beträgt 100 m. Näher kann man den Baumwipfeln und der Naturpracht kaum kommen. Dieses Raderlebnis erwartet Abenteuerlustige in Hechtel-Eksel, am Pijnven in sogenannten Bosland, am Knotenpunkt 272 des Radwegenetzes.

www.visitlimburg.be/de/radfahren

Der Radweg am Knotenpunkt 91 in Bokrijk, 200 m quer durchs Wasser, wurde vom „Time Magazin 2018“ zu den „Top 100 Worlds Greatest Places“ gekürt

Spa – Ganz aus dem Häuschen

64

Das Musikfestival Francofolies de Spa

Mit jährlich mehr als 160.000 Festivalbesuchern sind die Francofolies de Spa mittlerweile zum Hauptevent für Musik im französischsprachigen Belgien avanciert. Die Frankophonie ist ganz aus dem Häuschen. Seit 1994 präsentiert das Festival einen klugen Mix aus bekannten französischen Stars und Newcomern, während die Hälfte des Programms der französischsprachigen belgischen Szene gilt. Französisches Chanson, Rock, Pop, Elektro, Hip-Hop und Slam – sämtliche Musikstile begegnen sich hier zur größten Freude eines entdeckungsfreudigen Mehr-Generationen-Publikums.

Im Gegensatz zu den meisten Festivals des Landes bleiben die Francofolies ein nicht gewinnorientierter Verein, der die Veranstaltungen zu moderaten Preisen anbietet. Die Qualität der Infrastrukturen, die Gesamtorganisation, die Bereitstellung von besonderen Einrichtungen für Behinderte, die Übersetzung mancher Veranstaltungen in die Gebärdensprache und vieles mehr stellen markante Trümpfe dieses Festivals dar. Die Organisatoren kaufen ausschließlich grünen Strom, es gibt einen Pendelbusdienst, die Gäste werden aufgefordert, ihren Müll zu trennen und in die entsprechenden Behälter zu entsorgen. Es ist verboten, Flyer zu verteilen und es werden wiederverwertbare Becher und Gläser verwendet.

Fantastische Stimmung und wallonische Art de vivre bilden den Rahmen einer einmaligen Location, die über das Zentrum von Spa verteilt ist. Mittelpunkt ist der Kurpark, Parc de 7 heures, mit seinen beiden denkmalgeschützten Pavillons.

www.francofolies.be

Das Event für Liebhaber der französischsprachigen Musikszene

Spa – Mit der Kabinenbahn zum Kuren

65

Spa ist trendy, der Name ist Inbegriff für das Thermalwesen weltweit und für qualitätsvolle Mineralwässer

Berühmt ist seine legendäre Formel-1-Rennstrecke mit eigenem Museum in der Abtei von Stavelot und Pistentaufe für Hobbyrennfahrer. Spa tanzt in illustrer Gesellschaft mit Bath und Vichy, die als historische Thermalstädte in Europa für das Weltkulturerbe der UNESCO kandidieren. Illustre Kurgäste von Casanova bis Peter der Große, der 1717 nach Spa kam, trugen sich in das Goldene Buch der Stadt ein, das ein Fresko darstellt. Es hängt in dem nach Peter dem Großen benannten Pouhon Pierre le Grand, dem prachtvoll restaurierten Brunnenbau (sehenswerte Dauerausstellung mit Werken von Joan Miró). Spa, das heißt Flanieren – durch den Kurpark mit seinen Pavillons, durch die Altstadtgassen gegenüber dem Casinokomplex, zu versteckten Quellorten wie Aux Armes d'Autriche, einem hübschen viereckigen Brunnen aus Stein mit Stuckornamenten und einer oben thronenden Steinvase.

Das Wasser von Spa: Entlang der Quellenroute (zum Beispiel Wandern von Barisart nach Géronstère) und der Quellenwanderwege sind es allein an die 200 Quellen, die aus der Erde an die Oberfläche blubbern. Ein Eldorado für Wanderer und Spaziergänger in einer unverfälschten Landschaft wie im „Fagne de Malchamps", einem Hochmoorgebiet und natürlichem Wasserspeicher der Stadt. Weitere Trümpfe in Spa: erstklassige Hotels und gastronomische Vielfalt. Dazu eine Reihe von hervorragenden „Bed & Breakfast"-Locations, stilvoll in traditionelle Villen und Herrschaftshäuser der Stadt integriert. Mit bildschönen Garten- und Parkanlagen wie La Vigie, L'Etape Fagnarde oder La Villa d'Olne.

Tipp: Die moderne Therme von Spa auf dem Hügel Annette et Lubin ist auch durch eine Doppel-Kabinenbahn vom Kurpark und vom am Park liegenden Luxushotel aus zu erreichen.

www.spatourisme.be

Die Doppel-Kabinenbahn fährt vom Kurpark aus

Hergé-Museum – Die Heimat von Tim und Struppi

66

Ein Eldorado für Comicfans

Tim und Struppi (frz.: Tintin) erblickten am 10. Januar 1929 das Licht der Welt, in der Beilage Petit Vingtième, einer wöchentlichen Jugendzeitung, in der Tageszeitung „Le XXe Siècle". Heutzutage sind die Abenteuer von Tim und Struppi fast jedem bekannt und faszinieren Jung und Alt: Sie inspirieren Künstler, Schriftsteller und Regisseure. Tim und Struppi verkörpern allgemeine Werte, in denen sich die ganze Welt wiedererkennen kann.

Tim und Struppi, das ist eine einzigartige Kombination, die spannende Erzählungen mit klaren grafischen Linien und universellen Themen verbindet. Besucher gehen auf eine bunte Entdeckungsreise durch das Leben und das Werk des genialen belgischen Comicautors Georges Remi (Hergé genannt), dem Erfinder von Tim und Struppi. Mit einer sehr eindrucksvoll gestalteten Führung mit Audioguides (ebenfalls in Deutsch) auf drei Etagen führt der Weg von oben nach unten durch Hergés Schaffen – mit vielseitigen Effekten und tausendundeiner Bildsequenz, Aktionen und Animationen sowie Auszügen aus den Werken.

Der Künstler hat allein mehr als 200 verschiedene Figuren kreiert, die den Besucher alle aus ihren Geschichten heraus anschauen. Das Gebäude an sich ist schon ein modern-stylisches Kunstwerk, das so gar nicht zu Comics zu passen scheint, aber zu den Visionen, die im Werk Hergés zu erkennen sind. Architektonisch, museografisch und szenografisch darf man sich auf einen Genuss freuen.

Eine große Persönlichkeit der Weltarchitektur wurde ausgewählt, um diesen grandiosen Traum zu verwirklichen: der Franzose Christian de Portzamparc. Dieser Magier des Raums und der Fläche hat die grafischen Anforderungen der Werke Hergés perfekt integriert und auf wunderbare Weise den ganzen Facetten seiner Kunst Ausdruck verliehen, die aus Hergé den Meister der „klaren Linie" gemacht haben. Unverzichtbar in Belgien!

www.museeherge.com

Das Hergé-Museum in Louvain-la-Neuve

Louvain-la-Neuve – die neue Stadt der Fußgänger

67

Eine Stadt vom Reißbrett – in ihrer Art einmalig in Europa

Louvain-la-Neuve, in Wallonisch-Brabant südlich von Brüssel gelegen, ist als Universitätsstadt die Heimat des neuen, nach dem belgischen Sprachenstreit 1971 abgespaltenen wallonischen und französischsprachigen Teils der nahe gelegenen flämischen Universität von Leuven (frz.: Louvain). Der Ort gehört zur Doppelstadt Ottignies-Louvain-la-Neuve mit rund 30.000 Einwohnern. Er überrascht und versprüht viel Charme. Louvain-la-Neuve ist eine Stadt vom Reißbrett (in ihrer Art einmalig in Europa), die komplett mit Fußgängerzonen durchzogen ist. Das verleiht ihr eine besondere Atmosphäre. Sie lässt sich auf diese Weise bequem und leicht zu Fuß oder auch mit dem Fahrrad entdecken. Stadtkarten mit Spazierwegen sind im Office du tourisme – Inforville erhältlich. Bei Pro Vélo kann man Fahrräder mieten. Das Touristenbüro macht Vorschläge für eine ausgeschilderte Spaziertour anhand von 34 QR-Codes per Smartphone oder Tablet zu den interessantesten Sehenswürdigkeiten.

Es gibt zwei grüne Areale in der Stadt mit einem bemerkenswerten Naturerbe: der Bois des Rêves und der Bois de Lauzelle, dazu ein See. Aus dem Ganzen entsteht eine perfekte Mischung von Stadt- und Landleben. Das außergewöhnliche Museum L, erst seit November 2017 geöffnet, ist in einem ebenso außergewöhnlichen Gebäude, in der ehemaligen Bibliothek der Wissenschaften und Technologien, untergebracht. Die Ausstellungsfläche von 3.830 m² hält verschiedenste Sammlungen bereit: Kunstwerke (u. a. von Rembrandt, Goya, Picasso, Magritte und Alechinsky), Exemplare aus der Naturgeschichte, archäologische und ethnografische Objekte wie auch Maschinen und wissenschaftliche Erfindungen. In diesem neuen Universitätsmuseum wecken wissenschaftliche Sammlungen und Kunstwerke im Dialog miteinander neue Emotionen. Daneben können die Besucher in drei Labors (Labs) einige Werke auch anfassen. Ein Buddha neben einem Christusbild aus dem Mittelalter, antike Schriften neben Rechenmaschinen – mit 32.000 Inventarstücken wagt man Begegnungen der anderen Art, um von der Welt und der Menschheit zu erzählen.

www.tourisme-olln.be

Louvain-la-Neuve ist eine Stadt vom Reißbrett (in ihrer Art einmalig in Europa). Sie ist komplett mit Fußgängerzonen durchzogen.

Charleroi – ein neues Trend-Reiseziel (1)

68

Sie glauben, in Charleroi gibt es nichts zu sehen, außer alten Industriestaub?

„Was regt sich da? Die Schienen klirren. Und Blicke irren: Wo liegt Charleroi? (Verlaine, Charleroi 1874)

Das fragen sich sicher viele, nicht nur der Dichter Paul Verlaine, der in Mons im Zuchthaus saß. Charleroi geriet oft in Verruf, trotz seiner nie mehr erreichten industriellen Blüte. Heute lässt die Stadt die Beziehung zu den Ahnen wiederaufleben. Mehr denn je zeigt sich die Stadt mit zwei Gesichtern. Das erste wird durch die Schwerindustrie geprägt, mit ihren Schornsteinen und ihren Fabriken, die in einer verrückten Anarchie direkt neben den Arbeiterhäuschen stehen. Das zweite wird durch die Natur gezeichnet: Irgendwo auf dem Weg kann man plötzlich eine Zechenhalde bewundern oder auf einer riesigen Wiese entspannen.

Die junge Stadt bleibt für immer die Wiege des schmutzigen Kohleabbaus, aber sie hat auch anderes zu bieten. Sie ist nun die Wiege der Comics und der alternativen Kultur. Charleroi wurde gleich dreimal in die Liste des UNESCO-Welterbes aufgenommen: für den Glockenturm, für die Zeche Bois du Cazier und schließlich für die historischen Märsche im Gebiet zwischen Sambre und Maas, die als immaterielles Kulturerbe aufgenommen wurden.

Herausragende architektonische Schätze im Stadtzentrum sind das Rathaus, ein klassisches monumentales Gebäude mit Art-déco-Akzenten aus dem Jahr 1936 und sein Vorplatz sowie der Belfried als Hauptwerk der bürgerlichen Architektur. Charleroi gibt sich gutbürgerlich und industriell, gleichzeitig aber auch übermütig und sanft, unkonventionell und up to date, so wie ihre Bürger und ihre Kulturschaffenden. Die Stadt ist mit rund 200.000 Einwohnern neben Lüttich die größte der Wallonie und durch Industrie-Altlasten charakterisiert, mit morbidem Charme, der sich als Glücksfall erweist – beispielsweise für die Street Art.

www.museeherge.com

Passage an der Börse

Charleroi – ein neues Trend-Reiseziel (2)

69

Die Stadt gilt als das Epizentrum Belgiens für Street Art

Die Industriestadt ist zu einer Wiege des Ungewöhnlichen geworden. Neue und alte Kunstformen verschmelzen zu einem kreativen Mix. Gerade in der heutigen Zeit ist das Unkonventionelle von besonderer Anziehungskraft und Quelle der Fantasie und Inspiration. So wurde Charleroi zur Wiege der alternativen Kultur, die hier zur regelrechten Blüte gelangt. Und sie ist das Epizentrum Belgiens für Kunst im urbanen Raum.

Überall trifft man auf Graffiti, die kein Vandalismus, sondern Kunst ist. Aus alten Industriegebäuden werden Schmuckkästchen der Kreativen, aus tristen Mauern gigantische Leinwände für Gemälde jeder Art, die Zechenhalden zu Wandergebieten, der Ring (die städtische Umgehungsstraße) zum beliebten Fotomotiv und die Metro (U-Bahn) zum touristischen Verkehrsmittel.

In Charleroi sind für die Biennale „Stadtkunst Asphalt" (seit 2014) grandiose Szenen entstanden. Der Street-Art-Parcours in Charleroi zählt bereits zehn monumentale Fresken und wird alle zwei Jahre um neue Werke erweitert. Man kann diese Strecke zu Fuß oder mit dem Rad entdecken. So wie Industriestädte à la Liverpool, Birmingham, Bilbao oder Metz, die für die urbane Erneuerung optiert werden, in denen die Kultur eine bestimmende Rolle spielt, befindet sich Charleroi mitten in einer Metamorphose. Morgen wird die Stadt anders sein, unumgänglich für Kulturbeflissene. So ist der Plan, der deutlich Konturen annimmt.

„Rive gauche", das Einkaufszentrum der Unterstadt, zählt nicht weniger als 95 Geschäfte auf drei Etagen. Neben diesem imposanten Projekt haben auch andere Stadtteile, wie zum Beispiel die Kais am Ufer der Sambre oder die Place de la Digue, ein völlig verjüngtes Antlitz erhalten. Die ehemalige Mediathek, ein symbolträchtiger Ort, steht mit der Gründung der Manufacture Urbaine quasi aus der Asche wieder auf. Dort wird Bier gebraut, Kaffee geröstet, Brot gebacken – und das alles im achtsamen Umgang mit der Tradition und lokalen Produkten.

Fresko in Charleroi

Charleroi – ein neues Trend-Reiseziel (3)

70

Im Fokus: das Museum für Fotografie, das größte seiner Art in Europa

Mit 6.000 m^2 Ausstellungsfläche, über 80.000 Fotografien und 3 Millionen aufbewahrten Negativen ist das Museum für Fotografie bei Charleroi das größte Fotografie-Museum Europas. 1987 wurde es in einem ehemaligen neogotischen Karmeliterkloster in Mont-sur-Marchienne nahe Charleroi eröffnet. Im Juni 2008 kam ein weiterer Museumsflügel hinzu, der mit seiner gewagten Architektur den modernen Charakter des Museums unterstreicht. Vierteljährlich wechselnde Fotoausstellungen zeigen sowohl zeitgenössische künstlerische Arbeiten als auch zentrale Aspekte der Geschichte des Mediums Fotografie, u.a. in Form von Kameras aus unterschiedlichen Epochen. Das Museum verfügt außerdem über eine Fachbibliothek, einen Museumsshop und ein Café mit Blick auf einen schönen Park.

Und noch mehr Kunst: Das Museum der Schönen Künste von Charleroi zeigt unter seinen 3.000 Exponaten u.a. ein Ensemble von neun Bildern des belgischen Malers René Magritte. Der berühmte belgische Surrealist lebte und studierte in Charleroi.

Im ehemaligen Kohlebergwerk „Bois du Cazier“ wird Bergbaugeschichte in die gegenwärtige Museumslandschaft geholt. Der denkmalgeschützte Gebäudekomplex beherbergt zwei Museen, zudem erinnert eine Gedenkstätte an das schwerste Grubenunglück der belgischen Geschichte.

Das „Musée du Verre“ zeigt seine gläsernen Schätze in historischer Schau, Glaskunst und Glastechnik vom Altertum bis zur Gegenwart. Im „Musée de l'Industrie“ werden die bahnbrechenden Errungenschaften der industriellen Revolution, aber auch das Leben der Arbeiter anschaulich. Die Industriegebäude aus Eisen und Glas des Museums BPS22 stammen aus dem Jahr 1911 und befinden sich im Zentrum von Charleroi. Heute hat das renovierte BPS22 2.500 Quadratmeter Ausstellungsfläche und zählt damit zu den größten Kunstmuseen der Föderation Wallonie-Brüssel.

www.museephoto.be
www.paysdecharleroi.be

Museum für Fotografie in Charleroi

Hôpital Notre-Dame à la Rose (Lessines)

71

Acht Jahrhunderte Medizin und Kunstgeschichte

Das 1242 durch Alix de Rosoit gegründete Spital Notre-Dame à la Rose in Lessines nimmt den Besucher auf eine Zeitreise mit. Es war in den acht Jahrhunderten seines Bestehens ein echter Ort der Zuflucht und der Pflege für Kranke und Bedürftige. Das Krankenhaus gehört heute zum außergewöhnlichen Kulturerbe der Wallonie und Europas. Dies ist vor allem dem Umstand zu verdanken, dass die Gebäude bemerkenswert gut in ihrer Gesamtheit erhalten geblieben sind.

Beim Gang durch diese Anlage, die eines der letzten erhaltenen Beispiele eines mittelalterlichen Krankenhauses darstellt, wird noch heute spürbar, dass man sich nicht nur der körperlichen Gebrechen und Leiden der Menschen, sondern auch ihrer Seele annahm. Mit eigenem Bauernhof, Gärten und Eiskeller war man in der Lage, sich selbst zu versorgen. Den gotischen Kreuzgang, zwei Krankensäle, die barocke Kapelle, die Apotheke sowie eine große Sammlung von Kunstobjekten, Arzneimitteln, medizinischen Instrumenten und Geräten erleben Besucher noch in ihrem ursprünglichen Umfeld. Ein szenografisch neu konzipierter Rundgang durch 20 Räume erzählt vom Leben in den Hospitälern und der Entwicklung der medizinischen Betreuung vom Mittelalter bis in unsere Tage.

Das heutige Gebäude – ein harmonisches, vierseitiges Gebäude rund um das Kloster – wurde zwischen 1517 und 1722 mehrmals umgebaut und vergrößert. Auf den verschiedenen Etagen wechseln die Stile der Gotik, der flämischen Renaissance und des Barocks an den Fassaden des Klosters ab. Einige hundert Meter außerhalb des Ortszentrums und im Herzen des Hauptgebäudes bildet der Garten eine Oase des Friedens und der inneren Einkehr. Seine heutige Form ist das Ergebnis der Umbauarbeiten, die um die Jahrhundertwende durchgeführt wurden.

Das Spital zählt zu den beeindruckendsten und renommiertesten Sehenswürdigkeiten Belgiens. Es stehen kostenlose Audioguides in Deutsch für Besucherrundgänge zur Verfügung.

www.notredamealarose.com

Das Spital zählt zu den beeindruckendsten und renommiertesten Sehenswürdigkeiten Belgiens

La Louvière – Ein Kanal mit Treppen aus Stahl

72

Schiffstour auf dem historischen Canal du Centre

Die vier Schiffshebewerke des historischen Canal du Centre sind Glanzstücke der frühen Ingenieurskunst und UNESCO-Weltkulturerbe. Sie sind die einzigen Hebewerke der Welt, die noch mit ihrer ursprünglichen Maschinerie und dem damaligen Mechanismus betrieben werden. Jedes einzelne Hebewerk überwindet einen Höhenunterschied von rund 17 m, und das durch eine einzige Energiequelle: Wasser.

Das Hebewerk Nr. 1 in Houdeng-Goegnies wurde bereits 1888 erbaut. Es besteht aus zwei mobilen Kammern, die jeweils von einer hydraulischen Maschinerie bedient werden. Lift Nr. 2 (Houdeng-Aimeries) und Nr. 3 (Bracquegnies) sowie Nr. 4 (Thieu) wurden 13 Jahre später nach demselben Muster erbaut. Der Kanal und die Hebewerke sind von der Autobahn E 42 Charleroi–Mons, Ausfahrt 21, in nur wenigen Minuten zu erreichen (Beschilderung Ascenseurs No. 1–4, Canal du Centre).

Die von den Ingenieuren entwickelte Technologie war in jener Zeit eine absolute Spitzenleistung; nur wenige Zentimeter Wasser, die dem oberen Trog hinzugefügt werden, reichen aus, um die gegenläufige Bewegung der Schiffshebewerke in Bewegung zu setzen. Allein die hydraulische Energie ermöglicht es, diese Monster aus Stahl, die ein Gesamtgefälle von 66 m ausgleichen und 17 Schleusen ersetzen, sanft in Bewegung zu setzen. Gemeinsam mit dem Kanal und seinen anderen Elementen wie Maschinenräume, Dreh- und Zugbrücken bilden die Hebewerke eine sehr schöne und gut erhaltene Einheit, die Spaziergänger, Freizeitkapitäne und Passagiere von Touristenbooten direkt in eine Industrielandschaft aus dem 19. Jahrhundert zurückversetzt. Die baumbestandenen schattigen Ufer des Kanals laden zum Radfahren und zum Wandern ein – eine Wassermeile voller Idylle, auf der man auch Elektroboote mieten kann. In der Nähe: das moderne, größte Schiffshebewerk der Welt: Strépy-Thieu.

www.voiesdeau.hainaut.be/tourisme

Nahezu romantisch liegt das Hebewerk Nr. 3 in Bracquegnies. Hier kann man auf der Bootstour auch den Maschinenraum mit seinen hohen, markanten Backsteintürmen besichtigen.

Ronquières – Die Schiefe Ebene und das romanische Land

73

Ein spektakuläres Schiffshebewerk südlich von Brüssel

Auf dem Kanal Charleroi–Brüssel, im Hennegau, der grünen Provinz vor den Toren Brüssels, trifft man auf die Schiefe Ebene von Ronquières, gebaut 1968. Dieses einzigartige Bauwerk ist eine Schleuse. Bereits von Weitem erblickt man den 125 m hohen Betonturm. Bei schönem Wetter bietet sich von oben ein herrliches Panorama über die Region und den Kanal. Im neuen Besucherzentrum mit gläsernen Fußgängerstegen bekommt man einen Eindruck von der technischen Funktionsweise der Anlage und vom Ein- und Ausfahren der Schiffe auf der 1432 m langen Schiene – die längste ihrer Art weltweit. Es gibt zudem eine Ausstellung über die Flussschifffahrt und das Leben der Binnenschiffer.

Statt in einer herkömmlichen Schleuse überwinden die Lastkähne in zwei Wassertrögen, die auf einer langen schrägen Ebene wie Container rollen, den Höhenunterschied von 68 m. Das Bauwerk besteht aus zwei mit Wasser gefüllten, voneinander vollkommen unabhängigen Becken von 91 m Länge und 12 m Breite, mit einem Gewicht von 5.000 bis 5.700 Tonnen, in die die Schiffe einfahren. Die Kanalbrücke der Schiefen Ebene von Ronquières wird von 70 Säulen von jeweils 2 m Durchmesser getragen; sie misst 290 m in der Länge und 59 m in der Breite und hält einer Belastung von etwa 100.000 Tonnen Wasser stand. Sie dient als Ausgangshafen für Lastkähne, die auf die Überquerung warten. Grandios: der Anblick dieses riesigen Betonvogels mit ausgebreiteten Flügeln.

Am Kanal mit seiner bemerkenswerten Flora und Fauna kann man sehr schön radfahren. Es werden zudem einstündige Bootsfahrten bis nach Ittre und zurück angeboten. Ittre liegt in der Nachbarprovinz Wallonisch-Brabant, im sogenannten Roman Païs (romanisches Land – auf die Sprache bezogen, nicht auf die Architektur). Sehenswert ist die romanische Stiftskirche Sainte Gertrude, das Juwel der ehemaligen Abtei, die im 7. Jahrhundert von der Mutter der Namenspatronin gegründet wurde. Sie steht im Zentrum von Nivelles, dem Hauptort des Roman Païs.

voiesdeau.hainaut.be/de

Bei schönem Wetter bietet sich ein herrliches Panorama über die Region, das Hebewerk und den Kanal

Grand Hornu – Flanieren und Kunstgenuss

74

Die ehemalige Bergbau-Hochburg ist heute Industrie-Kulturstätte mit dem Museum MAC's und dem CID

Grand Hornu, dieses sehr interessante architektonische Erbe ist in dieser Komplexität einzigartig in Nordeuropa. Grand Hornu liegt nahe bei Mons im wallonischen Hennegau. Le Grand Hornu wurde zwischen 1810 und 1830 errichtet und vereint Bergwerksanlagen und Privatwohnungen von Betriebsleitern und Arbeitern.

Die Bergwerksgebäude liegen rund um einen ovalen Hof. Die Direktionsbüros sind mit den Lagern und den Werkstätten verbunden. Im selben Zeitraum wurden 400 Arbeiterhäuser gebaut, jedes mit Wohnzimmer, Küche und drei Schlafzimmern im ersten Stock, einem Keller und einem kleinen Garten nach hinten hinaus. Sie umrahmen den ovalen Haupthof, der wie ein Amphitheater wirkt. Zur Siedlung gehörten auch eine Schule, ein Badehaus, ein Tanzsaal und eine Bibliothek.

Man betritt diese Anlage von 10.000 m^2 Fläche durch das Eingangstor mit drei Rundbögen und vorstehendem Dreiecksgiebel. Es folgt ein Vorhof in Viereckanlage, in der Mitte eine Baumgruppe. An seiner linken Seite befinden sich die ehemaligen Stallungen sowie eine Schmiede und eine Kupferschmiede. Seit 2002 befindet sich in einem neuen Gebäude das Museum für moderne Kunst (MAC's), in dem mehrmals jährlich Ausstellungen mit Werken berühmter zeitgenössischer Künstler organisiert werden. Es zeigt etwa 300 Kunstwerke in der Dauerausstellung. Ein wunderbarer Spagat zwischen alt und modern, in verschiedenen Räumen, darunter der lange Salle-Pont mit längs laufenden Oberlichtern.

CID, das Zentrum für Innovation und Design, dient der Förderung zeitgenössischen Designs, einer Kultur des Dialogs zwischen Kreativen und Bürgern. Mittels medialer Aktivitäten werden Innovation, experimentelle Forschung und das Aufkommen neuer Thematiken in den Bereichen Design, Architektur und Grafik gefördert. Die vier wallonischen Zechen – Bois-du-Luc, Grand Hornu, Bois du Cazier und Blegny-Mine – sind als Weltkulturerbe anerkannt.

www.grand-hornu.eu

Man betritt das Herzstück dieser Anlage von 10.000 m² Fläche durch das Eingangstor mit drei Rundbögen und vorstehendem Dreieckgiebel (Rue Sainte-Louise 82, Grand-Hornu)

Villers-la-Ville – Im Bann von Romantik und Mystik

75

Die berühmte Klosterruine in Wallonisch-Brabant

In ihrem Nest im Tal der Thyle, einem Nebenfluss der Dyle, ruht die Abteiruine von Villers-la-Ville südlich von Brüssel. Man traut seinen Augen kaum, so etwas in dieser Abgeschiedenheit vorzufinden. Sie ist wohl eines der größten Zeugnisse des Lebens der Zisterziensermönche in Europa. Gleichzeitig bedeutet der Besuch dieses Ortes das spannende Erleben eines reichen Kulturerbes, geheimnisvolles Entdecken einer vergangenen Zeit, die trotz der bruchstückhaft erscheinenden Wirklichkeit dieser Ruine in ihrer ganzen Eindruckskraft erhalten bleibt.

Der Kreuzgang mit ca. 40 m Seitenlänge, ein Steingarten, von der Umwelt durch die angrenzenden Räume getrennt, dem Himmel weit geöffnet, ist der Mittelpunkt der Abtei, die nach dem typischen Plan der Zisterzienserklöster erbaut wurde. Um ihn herum das Ensemble der Ruinen der Abteigebäude mit der monumentalen Kirche mit den Ausmaßen einer Kathedrale. Das Kloster ist, obwohl eine Ruine, fast in seiner Gesamtheit bewahrt geblieben. Der Komplex umfasst 50.000 m^2 mit erhaltenem Mauerwerk oberhalb des Bodens und 5.000 m^2 romanischer und gotischer Gewölbe unterhalb.

Villers-la-Ville wurde 1146 vom heiligen Bernhard gegründet. Heute geben das Besucherzentrum und ein Besichtigungsparcours mit neuer Beschilderung und Touchscreens ein wunderschönes monumentales Modell der alten Abtei wie auch eine Besucherbrücke mit einer 180-Grad-Panoramaaussicht auf die gesamten Ruinen ein tolles Bild. Ein kostenloses Informationsfaltblatt ist auch in Deutsch erhältlich, Audioguide für Erwachsene sowie ein Animationsspiel, speziell entwickelt für Kinder für Smartphone oder MP3 zum Download. QR-Codes in verschiedenen Teilen der Abtei mit Informationen zur Geschichte dieses magischen Ortes. Sich kreuzende, durch Projektoren gesteuerte Fluglichter sorgen während der Sommerabende für ein atemberaubendes Schauspiel.

www.villers.be

Tagsüber sorgt die Sonne für ein natürliches Licht-Schatten-Szenario in den unzähligen Fenstern, Bögen, Höfen, Mauern und Säulengängen

Binche – Belgiens berühmtester Karneval

76

Die Gilles als Weltkulturerbe und das Internationale Karnevals- und Maskenmuseum in Binche

In Binche in der wallonischen Provinz Hennegau ist Karneval mehr als fröhliches Feiern. Er ist seit 2003 als Meisterwerk des mündlichen und immateriellen Kulturerbes der UNESCO anerkannt. Seine Protagonisten, die Gilles, gehören zu den schillerndsten Karnevalsfiguren Europas. Die traditionelle Kopfbedeckung besteht aus einem „barrette", einer Mütze aus weißer Baumwolle. Das Prunkstück des Kostüms ist der Hut mit den Straußenfedern, der nur zum großen Umzug aufgesetzt wird. Er wird jedes Jahr mit neuen Federn geschmückt, es können 300 und mehr sein. An den Füßen tragen die Gilles Holzschuhe.

Die Ursprünge dieses Karnevals sind nicht genau zu bestimmen, da es zu wenige Informationen vor dem 17. Jahrhundert dazu gibt. Der Gille soll jedoch ein entfernter Cousin des „Gille" aus der „Comedia dell Arte" sein; sein Name soll aus dieser Epoche des 16. Jahrhunderts stammen, in der fahrendes Theatervolk durch die Regionen des Hennegaus zog. Aus dieser Zeit stammen auch die Figuren der Pierrots und Harlekine. Die karnevalistische Tradition in Binche ist jedoch noch älter und geht auf das 14. Jahrhundert zurück.

Einer Legende zufolge soll im Jahr 1549 Maria von Ungarn ihren Bruder Karl V. und seinen Sohn Philipp II. von Spanien empfangen haben. Anlässlich dieses Besuchs beschlossen die Hofdamen, sich bei den Feierlichkeiten nach „Art der Inka" zu verkleiden, inspiriert von den Entdeckungen des Francisco Pizzaro in Peru zu jener Zeit. Aus dieser Verkleidung sollen die Kostüme der Gilles hervorgegangen sein.

Binche wartet mit einer weiteren Besonderheit auf, dem einzigartigen Internationalen Karnevals- und Maskenmuseum in einem alten Augustinerkloster. Besucher können die Ursprünge, die Bedeutung und die Entwicklung der Folklore von Binche entdecken und zudem eine einmalige Sammlung von Masken aus der ganzen Welt.

www.museedumasque.be
www.carnavaldebinche.be

Üppig geschmückte Kostüme sind das Markenzeichen der Gilles

Pairi Daiza – wie bei Indiana Jones

77

Der Garten der Kulturen und Kontinente gilt als bester Tierpark Europas – ein unvergessliches Erlebnis

Die sehr seltenen chinesischen Riesenpandas, Hao Hao und Xing Hui, die auch in deutschen Gazetten Titelseiten schmückten, sind die Stars in Pairi Daiza. Nur ein Grund, diesen faszinierenden Park mit rund 7.000 Tieren im Hennegau bei Mons zu besuchen. Er ist mit 55 Hektar Fläche doppelt so groß wie das Phantasialand in Brühl. Es geht hier nicht von Gehege zu Gehege, sondern von einer paradiesischen (Tier-)Welt in die nächste, von Kontinent zu Kontinent, von Kultur zu Kultur, beginnend mit dem „Tor zum Himmel" rund um den Abteiturm (mit Greifvogelareal), vorbei am ehemaligen Schlossgebäude der Abtei, in dem ein Themenaquarium untergebracht ist.

Auf dem Weg passiert man die größte Voliere Europas (15 m hoch mit 3.000 m^2 Fläche). Dann die „Stadt der Unsterblichen", das spannende Reich Chinas und seine Schätze. Alles ist authentisch, die Tempel, die Pavillons, die Pfade mit Halbedelsteinen und natürlich die faszinierenden roten Pandas, die Schneeleoparden, Vögel, Alligatoren im größten traditionellen chinesischen Garten, der jemals außerhalb Chinas angelegt wurde. Die Wegebahn des Parks fährt durch die insgesamt acht Welten. „Königreich des Elefantengottes" nennt sich der bombastischste Abschnitt des Parks mit 4 Hektar Fläche. Eine Kulisse wie bei Indiana Jones.

Die naturgetreue Nachbildung des balinesischen Tempels verschlägt einem die Sprache. Schritt für Schritt, majestätisch wie ein Pascha, tritt der Elefant von der Rampe des hinduistischen Tempels von Ganesha (Elefantengott) hinunter, wo er dann sein Bad im Bassin nimmt. Das Gold und die vibrierenden Farben Kambodschas, des Königreichs von Ganesha, entführen auf die indonesische Halbinsel. Die Elefanten von Pairi Daiza sind hier die uneingeschränkten Herrscher neben den seltenen weißen Tigern Mumbai und Sanka, deren Exotik hautnah zu spüren ist.

www.pairidaiza.eu

Ein Tag ist eindeutig zu wenig, um den ganzen Park zu erkunden. Man sollte eine Übernachtung mit einplanen, denn in Pairi Daiza kann man auch „exotisch" wohnen, quasi als Nachbar der Tiere. Pairi Daiza ist mehrfach ausgezeichnet, u. a. als bester europäischer Zoo (DTPA).

Die Kathedrale Notre-Dame de Tournai

78

Die perfekteste und monumentalste Kirche Belgiens, seit 2000 UNESCO-Weltkulturerbe

Die Kathedrale beeindruckt vor allem durch ihre Abmessungen und ihre fünf Türme – eine Rarität. 134 m ist sie lang. Geräumige romanische Schiffe öffnen sich zu einem großen Querschiff (67 m) mit zwei Apsiden, das von fünf hohen Türmen gekrönt wird, sowie zu einem beeindruckenden gotischen Chor mit einer Länge von 58 m und einer Höhe von 33 m unter dem Gewölbe, das eine gewisse bauliche Verwandtschaft mit der Sainte-Chapelle in Paris aufweist, vor allem durch die schönen Fenster.

Die in der ersten Hälfte des 12. Jahrhunderts errichtete Kathedrale von Tournai zeichnet sich durch ihr außergewöhnlich weitläufiges romanisches Mittelschiff aus. Die Kapitelle sind sehr aufwendig gestaltet, während das Querschiff mit fünf Türmen ausgestattet ist, die 83 m in die Höhe ragen. Der Dachstuhl ist einer der ältesten in ganz Europa. Vor allem jedoch legt die Kathedrale Zeugnis davon ab, wie stark der Austausch zwischen den architektonischen Einflüssen der Île de France, der rheinischen Gebiete und der Normannen innerhalb der kurzen Periode vor dem Aufblühen der gotischen Architektur tatsächlich war. Die riesigen Dimensionen der Kathedrale Notre-Dame de Tournai machen aus ihr ein herausragendes Beispiel für die großen Bauwerke jener architektonischen Schule nördlich der Seine, die die riesenhaften Ausmaße gotischer Kathedralen bereits andeuten.

Auch wenn das Gebäude in Teilen weiterhin für die Öffentlichkeit zugänglich bleibt, werden in der Kathedrale seit einigen Jahren umfangreiche Arbeiten zur Restaurierung, Bewahrung und Entwicklung dieses Kulturguts durchgeführt. Nachdem man sich zunächst auf das romanische Mittelschiff konzentriert hatte, wurden dann dank technischer Verfahren, die noch nie zuvor bei Restaurierungsarbeiten eingesetzt wurden, die Arbeiten am Transept begonnen. Mitten in der Kathedrale wurden zudem umfangreiche archäologische Ausgrabungen vorgenommen.

www.visittournai.be

Die mittelalterlichen Gassen um die Kathedrale bis zum Scheldeufer sind sehr erlebenswert

Feuersteinminen von Spiennes

79

Eine wichtige Etappe in der kulturellen und technologischen Entwicklung der Menschheit

Die archäologische Stätte der neolithischen Minen von Spiennes ist eine der ausgedehntesten und ältesten Abbaustätten für Feuerstein in Europa. Das von Tausenden von Minenschächten durchzogene archäologische Gelände befindet sich nur etwa 6 km von Mons und erstreckt sich über mehr als 100 Hektar. Vom Monser Rathaus aus wird eine Wanderung durch die Stadt bis dorthin angeboten, mit Animationsprogramm für Familien und Gruppen. Vor allem durch das Ausheben von Minenschächten von nur 1 m Breite und bis zu 16 m Tiefe hat der Mensch im Neolithikum die notwendigen Techniken entwickelt, um große Silex-Tafeln von mehreren hundert Kilogramm abbauen zu können, die dann „über Tage" zugeschnitten wurden. Die Galerien waren nur 5 bis 7 m lang.

Die Gruben von Spiennes werden in ihrer Eigenschaft als Zeugen „menschlichen Genies" anerkannt, denn die neu geschaffenen Werkzeuge und Abbautechniken, die der Mensch in Spiennes vor 6000 Jahren erfand, stellen eine wichtige Etappe in der kulturellen und technologischen Entwicklung der Menschheit dar (UNESCO-Weltkulturerbe).

Silex-Besucherzentrum: Der „Espace découvertes" (Ausstellungsbereich) der neolithischen Minen von Spiennes liegt mitten in einer schönen Parklandschaft. Er ermöglicht dem Besucher, alle Facetten dieser archäologischen Stätte von Weltruf nachzuvollziehen. Das Publikum wird dort Lehrrundgänge im Außenbereich mitmachen und den permanenten Ausstellungsbereich besichtigen können. Der Abstieg in die Feuersteinminen erfolgt über eine 10 m lange senkrechte Leiter mit entsprechender Sicherung (Helm, Sicherheitsseil).

www.minesdespiennes.org
SILEX'S, Rue du Point du Jour 300, Spiennes

Das Silex-Besucherzentrum

Doudou – Die Prozession des goldenen Wagens

80

Belgiens Fest der Feste

Jedes Jahr am Dreifaltigkeitssonntag nach Pfingsten feiert Mons das Fest der Feste in Belgien mit der berühmten Prozession des „Car d'or", des goldenen Wagens, der den kostbaren Goldschmiede-Reliquienschrein der Sainte-Waudru aus der Stiftskirche zu Ehren der Stadtheiligen trägt. Der anschließende Kampf, der „Lumecon", bei dem der heilige Georg zu Pferd symbolisch einen Drachen zur Strecke bringt, zieht nahezu die ganze Bevölkerung der Stadt auf die Grand-Place. Wohl kein Brauchtum in der Wallonie hat so viel Authentizität und Tradition und ruft solch eine Begeisterung bei Besuchern und Einheimischen hervor wie dieses gemeinhin liebevoll „Doudou" genannte Fest.

Die Ducasse von Mons beginnt offiziell beim feierlichen Herunterlassen und der Übergabe des Reliquienschreins (Descente de la Châsse) der heiligen Waltrudis am Samstagabend in der Stiftskirche. Der Reliquienschrein wird auf den Goldenen Wagen (Car d'or) gesetzt, der den Mittelpunkt der Prozession am Sonntagmorgen bildet. Im Rahmen des Doudou findet ein rauschendes Fest statt, bei dem sich die Einheimischen auf die „Ducasse rituelle de Mons" (rituelle Kirmes) mit vielen Ständen überall in den Straßen und auf den Plätzen mit Essen und Getränken, mit Musik und Animationen einstimmen. Dabei tanzen Jung und Alt auf den Bürgersteigen, vor und in den Cafés und selbst in den Bars bis in die Nacht hinein, ehe anderntags der große Drachenkampf auf der Grand-Place von Mons stattfindet.

Am Sonntag zieht die Prozession von der Stiftskirche kommend durch die Straßen bis zur Grand-Place, wo vor dem Rathaus der Bürgermeister die Reliquien der Patronin der Stadt in Empfang nimmt. Das wichtigste Element der Prozession ist die goldene Prunkkarosse im Louis-XVI.-Stil, die den Reliquienschrein mit dem Leib der Sainte-Waudru transportiert. Der Car d'or steht üblicherweise in der Stiftskirche und kann dort von Besuchern betrachtet werden.

www.doudou.mons.be

Ein Volksfest in über 500-jähriger Tradition

Das Mundaneum in Mons – Weltdokumentenerbe der UNESCO

81

Ein Plan vom weltweiten Netz begann hier

Google betreibt in Mons (Provinz Hennegau) sein europäisches Data Center. (K)ein Zufall? Denn in Mons steht auch das Mundaneum, ein Museum mit der „universellen Bibliothek des Weltwissens" nach dem Belgier Paul Otlet (1868–1944), der als Vordenker für die Erfindung eines weltumspannenden Netzes gilt, das Informationen, Bücher, Filme und andere Dokumente sowie Tonaufnahmen verbindet – quasi ein Vorläufer des Internets. Die französische „Le Monde" nannte es 2009 „Google de papier" (Google in Papierform). Damals, im Jahr 1934, gab es kein Internet, keine Computer und keine digitalen Daten, sondern Archive mit hölzernen Karteikästen. 6 km Spalier dieser „Server aus Holz" sind heute noch im Mundaneum zu bewundern. Faszination und Kuriosum zugleich.

Das Mundaneum steht in der Nachfolge des 1895 in Brüssel von Paul Otlet und Henri La Fontaine gegründeten Office International de Bibliografie. Die Bibliothek sollte nach der von ihnen entwickelten „Universellen Dezimalklassifikation" systematisiert werden. Zu dieser Zeit waren rund 15 Millionen Werke handschriftlich verzeichnet und nach Themengebieten geordnet. Schon 1912 war man in der Lage, bis zu 1.500 schriftliche Anfragen zu zahlreichen Wissensgebieten zu beantworten. 1993 wurde diese Bibliothek nach Mons geholt; sie erhielt in einem Art-déco-Gebäude in der Nähe des Grand-Place ein neues Refugium. Neben den persönlichen Dokumenten der Gründer Paul Otlet und Henri La Fontaine, Sammlungen von Tageszeitungen, Postern und Postkarten, die von den beiden oder von ihren Mitarbeitern zusammengetragen wurden, beherbergt das Mundaneum Archivmaterial zu drei Hauptthemen: Pazifismus, Anarchismus und Feminismus. Im Gebäude sind zudem jährliche Wechselausstellungen zu sehen.

www.mundaneum.org

Das Mundaneum – ein Museum mit der „universellen Bibliothek des Weltwissens“

Waterloo – das neue Museum „Mémorial 1815"

82

Auf fast 6.000 m^2 erklärt eine Zeitreise die Hintergründe und Auswirkungen der Schlacht

Waterloo – Promise to love you for ever more
(Waterloo – Ich verspreche, dich immer mehr zu lieben)
ABBA

Man kennt Waterloo als Song und als Inbegriff für glorreich verlorene Schlachten. Aber wer weiß, dass der Ort Waterloo in Belgien liegt? Und dass die Schlacht gar nicht in Waterloo selbst stattgefunden hat? Das erfährt man im neu eingerichteten Museum „Mémorial 1815", an Ort und Stelle. Auf fast 6.000 m^2 erklärt eine Zeitreise die Hintergründe und Auswirkungen der Schlacht. Zu Beginn suchen Besucher einen Soldaten der Truppe ihrer Wahl aus, der sie dann per Audioguide durch die Ausstellung begleitet. Das Museumsgebäude liegt größtenteils unter der Erde am Fuß des 40 m hohen, legendären Löwenhügels, dem Symbol von Waterloo.

Zur aufwändigen Ausstattung gehören multimediale Elemente: ein 25-m-Panoramabildschirm mit 3D-Film sowie multisensorische Effekte für das lebensgroß dargestellte Schlachtgetümmel. Neben dem Mémorial steht der Rundbau mit dem gigantischen Fresko der Schlacht: „Le Panorama". Eine phänomenale 360-Grad-Sicht mit 110 m Umfang und 12 m Höhe.

In Waterloo selbst ist das Wellington-Museum einen Besuch wert. Denn in diesem ehemaligen Hauptquartier kann man den Hauch großer Geschichte atmen und wandelt auf den Spuren des berühmten Herzogs und Feldherrn. Auch das letzte Hauptquartier von Napoleon 5 km südlich des Löwenhügels sowie der Bauernhof von Hougoumont, ein Brennpunkt der Schlacht, gehören mit neu gestalteten Szenografien zum Besucherparcours. Das Museum Wellington ist in einer ehemaligen Herberge und Poststation untergebracht – dort, wo der Herzog von Wellington sein Hauptquartier hatte, als er während der Schlacht bei Waterloo Oberbefehlshaber der englischen und alliierten Truppen war. Hier schrieb er auch die Siegesnachricht nieder, die er mit dem Namen Waterloo verknüpfte. Das Museum zeigt auf didaktische Weise die Rolle und das Engagement der von diesem Konflikt betroffenen Nationen.

www.waterloo1815.be

Am berühmten Löwenhügel in Waterloo

Terrasse Les 7 Meuses

Logenplatz der Lebensart

83

Wer in Namur die Stadt von oben entdecken und den imposanten Fernblick über den Zusammenfluss von Maas und Sambre von den Terrassen aus genießen möchte, der sollte sich hinauf auf die Zitadelle begeben. Von der obersten Ebene ist der Blick umwerfend. Eine Maas-Tour von Namur über die N92 führt nach Dinant über Profondeville, ein charmantes, urtypisches Maas-Dorf direkt am Fluss, mit einer romantischen Uferpromenade, die selbst in der Hochsaison eine entspannende, fast südländische Ruhe fernab jeglicher Hektik verspüren lässt.

Der Chaussée de Dinant folgend erreicht man eine große Biegung der Maas beim Dorf Rivière. Hier erwartet den Entdeckungsfreudigen eine Oase hoch über den Mäandern und dem Tal des Flusses. Von der N 92 muss man rechts abbiegen und immer der Beschilderung „Point de Vue 7 Meuses" folgen. Serpentinenartig steigt die Straße steil hinauf (Rue Bois-Laiterie, Rue des 7 Meuses), bis auf einige hundert Meter über der Maas-Ebene.

Auf dem höchsten Punkt liegt sie: die „hängende" Terrasse Les 7 Meuses des gleichnamigen Hotel-Café-Restaurants. Ringsum nur Wald, Vegetation und Grün; man fühlt sich fast wie in der Provence. Den Blick – ob steil hinunter oder in die Ferne – und die Lage kann man getrost als spektakulär bezeichnen, rund 200 m hoch über dem Maas-Tal.

Diese Aussicht lässt einen kaum los. Näher kann man wohl kaum auf dem Rand eines Plateaus an einem Tisch Platz nehmen. Das modern gestylte Restaurant bietet eine ansprechende Küche. Glänzende Aussichten erwarten einen auch in den Ausflugslokalen und Restaurants Le Belvédère mit Terrassenturm (Beschilderung beachten) und La Fête au Palais auf der gegenüberliegenden Maas-Seite.

www.les7meuses.be

Am Rand der Terrasse sollten nur Schwindelfreie Platz nehmen

Jedes Jahr werden hier 80.000 Menschen ins All geschickt

84

Im einzigen Space-Center Europas

In den tiefen Wäldern der Ardennen würde man eher Märchenhaftes vermuten. Doch ein Raumfahrtzentrum? Tatsächlich glitzern Metallträger, Glasfronten und Sonnenkollektorflächen dieser beeindruckenden Anlage wie ein Satellit in der Umlaufbahn. Vor der Halle: eine originalgetreue Europa-2-Rakete (Vorläuferin der Ariane), Sputnik-Satelliten, die Trägerrakete der Ariane 4, alles unmittelbar an der Autobahn E 411 Namur–Arlon.

Und erst im Innern: Ein originalgetreuer Nachbau eines Moduls der ISS-Raumstation und das in Originalgröße nachgebaute Space Shuttle mit Wow-Effekt. Im Modul der ISS faszinieren die Erläuterungen des Guides Robert Schewijck: „Natürlich wollen die Leute wissen, wie und wo die Astronauten schlafen", betont er und öffnet eine Türklappe in der Wand. Dahinter verbirgt sich eine winzige Schlafkammer. „Betten gibt es natürlich nicht, in der Tat schlafen die Astronauten quasi in der Vertikalen hängend", sagt er. Das Gleiche gilt für den Blick auf das Space Shuttle und seine riesigen Triebwerke.

Der Einblick ins Cockpit: knapper Platz für acht Besatzungsmitglieder, vier oben im Steuerungscenter und vier unten in der Kabine. In einer Raumkapsel sind unzählige Instrumente zu begutachten. Atemberaubend: der Rotationssimulator, der die mögliche Orientierungslosigkeit im Weltall durch permanente Drehbewegungen in alle Richtungen simuliert – für Mutige.

Das Space Center ist vor allem auch für Kinder und Schulgruppen interessant (Jugendherberge vor Ort), der Lernfaktor ist groß. Hier kann man seine eigene handwerkliche Rakete bauen und auf dem Gelände starten lassen. Dazu Weltall-Wochenenden für die Familie, Astronautentraining für Jedermann. Multimedial geht es überall zu. Audioguides (auch in Deutsch) führen durch die Geschichte des Planetensystems mit Filmvorführungen und Animationsplattformen. Oder etwa im Planetarium, in dem die Erforschung des Weltalls in einer interessanten Filmadaption vermittelt wird. Das Space Center ist bis Mitte 2020 wegen Renovierung geschlossen.

www.eurospacecenter.be

Im Modul der ISS

Der Geopark Famenne-Ardenne

85

UNESCO-Weltnaturerbe

Die beiden durch die Maas getrennten ländlichen Regionen Fagne und Famenne erstrecken sich sanft von Osten nach Westen entlang eines Kalksteinmassivs, „Calestienne“ genannt. Es verleiht der Landschaft die Form runder Hügel und schenkt ihr Seen sowie zahlreiche Flüsse. Über Millionen Jahre hat es sich durch das saure Wasser des Ardennenmassivs im Süden ständig verändert. Zahlreiche Legenden ranken sich um die geheimnisvollen Stätten dieser Gegend. Naturliebhaber fühlen sich hier wie im Paradies. Das Famenne, am Rand des Ardenner Plateaus gelegen, profitiert auf natürliche Weise von seinen dichten Wäldern und seinen vielfältigen Landschaftsformationen. Abwechselnd wild und sanft zeigen sich die Ourthe und die Lesse.

Das Gelände des „UNESCO Global Geopark Famenne-Ardenne“ mit 911 km^2 und 67.000 Einwohnern verteilt sich über die Gemeinden Beauraing, Durbuy, Hotton, Marche-en-Famenne, Nassogne, Rochefort, Tellin und Wellin. Drei unterschiedliche Landschaftsgebilde prägen diese Region: das nördliche Famenne – eine tiefe Senke mit Schieferuntergrund –, die südlichen Ardennen – ein weitläufiges Plateau aus Sandsteinfels – und das Calestienne mit einer Topografie aus Kalkfelsen, die reich an Karstphänomenen ist.

Diese Phänomene sind einzigartig in Ausprägung und Anzahl, dazu zählen beispielsweise die unter- und oberirdisch fließende Lesse und die außergewöhnlichen Grotten von Han, Rochefort und Hotton. Hinzu kommen ursprüngliche Flusstäler wie Lesse, Lomme und Ourthe mit besonderen geologischen Gegebenheiten, etwa in der berühmten kleinsten Stadt der Welt, Durbuy, oder im Megalithen-Dorf Wéris. Die Geomorphologie dieser Landschaft reflektiert eine große Biodiversität, Stätten von bedeutendem wissenschaftlichem Interesse sowie ein reiches Kultur- und Architekturerbe.

www.geoparkfamenneardenne.be

Der Steinbruch von Resteigne an der Lesse, Kalksteinabbau seit dem 6. Jahrhundert

Zum „Dom des Lichts"

Die berühmten Grotten von Han-sur-Lesse

86

Das kleine Dorf Han-sur-Lesse ist als Ausflugsziel ganz groß: die berühmten Grotten von Han, seit zwei Jahrhunderten bekannt, das 1970 errichtete Wildtierreservat mit Safari Cars, das virtuelle Speleogame sowie das Museum der unterirdischen Welt. Der Besucher verbringt einen erstaunlichen und vielseitigen Tag. Wahrlich beeindruckend sind die Dimensionen der Höhlen. Der „Dom des Lichts", der Kuppelsaal, ist eine Höhle mit den Ausmaßen einer Kathedrale (circa 62 m hoch und 145 m in der Diagonalen). Im zweitgrößten Saal der Grotten, dem Waffensaal, 100 m unter der Erde, stößt man wieder auf die Lesse. In der Mitte des Raums nehmen die Besucher für eine Aufführung Platz. Ein steinernes Theater der Sinne. Wer sich gern etwas mehr Bewegung gönnt, kann auch zu Fuß zur Grotte gehen. Dabei passiert man den Freizeitpark von Han, vorbei an Spielplätzen und Mini-Bauernhof, an der „Ferme" mit Restauration (Cafeteria und Restaurant) und Ausstellung.

Besondere Aufmerksamkeit verdient der „Schlund von Belvaux" am Tierpark. In dieser Schlucht zeigt die Lesse ein Stück ihres unterirdischen Verlaufs durch die Tiefen des Bergs, in dem sie ganz verschluckt wird. Ein 250 Hektar großer Park auf den umliegenden Hügeln der Grotte spricht Natur- und Tierliebhaber gleichermaßen an. Hier haben die Tierarten der Ardennen ein Zuhause gefunden – ob Hirsche, Damwild, Wildschweine oder auch seltene Steinböcke, Luchse, Auerochsen und viele mehr. Durch diesen Bereich führt ein Spazierweg von 5 km Länge mit verschiedenen Pausenpunkten und Blick auf die Tiere. Man kann auch unterwegs das Safari-Car nehmen. Die 100 Jahre alte Bahn mit ihren Holzbänken und offenen Waggons ruckelt knapp 4 km vom Empfangszentrum im Ort entlang der Lesse durch ein teils bewaldetes Tal. Sie bringt die Besucher bis vor den Eingang der größten Tropfsteinhöhle Westeuropas.

www.grotte-de-han.be

Im Inneren dieser gigantischen Grotte taucht man für circa 90 Minuten in eine verwunschene Welt der bizarren steinernen Kuriositäten ein

Transardennaise – Diese Wege werden leichte sein

87

Von La-Roche-en-Ardenne nach Bouillon

Mit 7 Etappen über 160 km, La-Roche-en-Ardenne mit Bouillon verbindend, ist diese Tour der erste GTA-Fernwanderweg durch die Ardennen. Er gilt als einer der schönsten in Belgien. Und er liegt in der Wallonie. Das Erleben der authentischen Ardennen. Die Täler der Lesse, der Ourthe und der Semois, atemberaubende Landschaften und ein Feinschmecker-Eldorado mit hervorragenden wallonischen Spezialitäten der Regionen.

Die 7 Etappen der Transardennaise

Etappe 1: La Roche-en-Ardenne nach Sprimont (Sainte-Ode): 21,2 km
Etappe 2: Sprimont (Sainte-Ode) nach Saint-Hubert: 21 km
Etappe 3: Saint-Hubert nach Nassogne: 27 km
Etappe 4: Nassogne nach Mirwart: 16,8 km (Variante: Nassogne nach Awenne: 11,9 km / Awenne nach Mirwart: 4,9 km)
Etappe 5: Mirwart nach Daverdisse: 22,3 km (Variante: Mirwart nach Redu: 15,6 km / Redu nach Daverdisse: 6,7 km)
Etappe 6: Daverdisse nach Paliseul: 20,8 km oder nach Mont-Idée: 25,2 km
Etappe 7: Paliseul nach Bouillon: 25,9 km oder Mont-Idée nach Bouillon: 17,8 km.
Die Route ist ebenfalls für Mountainbike, Fahrrad, Motorrad und Auto ausgelegt.

www.gta.be/transardennaise

Startpunkt ist der malerische Ort La-Roche-en-Ardenne

Antiklinale, Kopfstein-pflaster und Mäander

88

Durbuy, steinalt, aber sehr lebendig

Der Homalius-Felsen, bekannt unter dem Namen Roche à la Falize, ist wie ein umgekehrtes „U" geformt. Diese Felsenform bezeichnet man als Antiklinale. Sie ist mehr als 300 Millionen Jahre alt. Ihr Gipfel ist der höchste Punkt in Durbuy. Eine charmante Promenade in der Nähe der historischen Altstadt führt an ihr entlang. Die Antiklinale ist nicht nur geologisch interessant. Sie ist auch ein besonders schönes und beeindruckendes Fotomotiv und lässt sich am besten von der Promenade oder dem historischen Zentrum der „kleinsten Stadt der Welt" aus ablichten. Die Antiklinale von Durbuy gilt zusammen mit der von Han-sur-Lesse als eine der schönsten Belgiens.

Mit rund 400 Einwohnern ist Durbuy wahrlich sehr klein. 1331 erhielt man hier sogar die Stadtrechte. Der ganze Ort besteht eigentlich aus Altstadt – aus purem Mittelalter. Die Gassen mit ihrem Kopfsteinpflaster sind so krumm wie die Mäander der Ourthe, die sich ungehalten in ihrem Bett windet, zur Freude der Kajakfahrer. Der Belag der Rue Daufresne de la Chevalerie wurde ausschließlich mit Kieselsteinen aus der Ourthe geformt. Charmant: die knurrigen kleinen Läden mit Kunsthandwerk und Lukullischem. Dazwischen: romantisches Betten in urigen Unterkünften. Mächtig ragt der Fachwerkgiebel der Alten Halle in den Himmel, gegenüber sieht man die Türme des Schlosses. Unter den Kastanienriesen der Place aux Foires leuchten die Markisen zahlreicher Restaurants im Tageslicht und in der säuselnden Abendstimmung.

Die Konfitürenmanufaktur Saint-Amour lockt mit fruchtigen und würzigen Köstlichkeiten, alles hausgemacht. Die Mikrobrauerei Ferme au Chêne produziert und schenkt lokales Bier aus. Von den Logenplätzen, den Terrassen, begeben sich die Flaneure auch gern zu den 250 Buchsbaumfiguren im illustren „Parc des Topiaires" (10.000 m^2) direkt an der Ourthe.

Die Antiklinale – ihr Gipfel ist der höchste Punkt in Durbuy

Guillemins – der weiße Bahnhof

89

Einer der spektakulärsten in Europa

Monumental, ausdrucksvoll und lichtdurchflutet öffnet sich der weiße Bahnhof zur City Lüttichs hin, eine klassische Fassade fehlt ganz. Dafür sind die Dimensionen des Dachs umso eindrucksvoller. Die geschwungene Form einer Welle, ein Symbol für Dynamik, wiegt insgesamt 10.000 Tonnen. Die mit Glaselementen bedeckte Fläche des Dachs beträgt 32.000 m². Wenn die Sonne durch das Raster mit tausenden Glasscheiben scheint, ergibt sich ein magisches Lichtschauspiel.

Der Bahnhof wartet mit einigen Innovationen auf. So ist er an der vom Zentrum abgeneigten Seite quasi direkt an den Hügel gesetzt und mit dem Autobahnnetz Richtung Namur, Brüssel, Paris bzw. Aachen und Köln mit einem Zubringer verbunden. Das ist einzigartig in Europa. Die Verbindung zur Autobahn über eine Brücke und ein Viadukt wurden ebenfalls vom Architekten Calatrava im Stil des Bahnhofs gestaltet. Mittlerweile hat der Bahnhof illustre Gesellschaft bekommen, in Form des geschwungenen Turms des neuen Finanzgebäudes, „Tour Paradis" genannt, der im Design mit seinen 136 m Höhe wie ein kleiner Bruder des Hotels Burj Al Arab in Dubai wirkt. Dazu gesellt sich das zukünftige wallonische Design Center.

Die neue Stadtachse, die in den Plänen von Santiago Calatrava beim Entwurf des Bahnhofs mitkonzipiert wurde, hat Gestalt angenommen. Sie verläuft vom Bahnhof bis zur Médiacité, dem futuristischen Einkaufszentrum, ein Werk des Architekten Ron Arad, und ist dabei, das Stadtbild von Lüttich zu verändern. Inmitten dieses Bogens liegt der Parc de la Boverie auf einer Maas-Insel, zwischen Bahnhof, Finanzturm und Médiacité. Etwas unterhalb der wunderschönen Brücke Pont de Fragnée verbindet die ultramoderne Fußgänger- und Radfahrerbrücke „La Belle Liègeoise" die beiden Ufer miteinander, nur einige wenige Minuten vom Bahnhof und seiner neuen Esplanade entfernt. Diese Brücke soll die Menschen einladen, die Insel und den wunderbaren, idyllischen Park zu besuchen, in dessen Zentrum sich das neu gestaltete „Musée de la Boverie", ein über 100-jähriges Kunst- und Ausstellungszentrum befindet.

www.visitezliege.be/de

Das Fotomotiv schlechthin in Lüttich: der Bahnhof Guillemins

Ein „Louvre" für Lüttich

90

La Boverie – das neue Museum der Schönen Künste ist zugleich Ausstellungszentrum

Am 5. Mai 2016 öffnete das Museum der Schönen Künste von Lüttich, „La Boverie“, im ehemaligen Palast der Weltausstellung von 1905. Eine Partnerschaft mit dem Louvre in Paris sorgt für Sonderausstellungen mit internationalem Renommee. Das prächtig restaurierte und erweiterte historische Gebäude mit seinen mächtigen Säulen steht im Parc de la Boverie auf einer grünen Insel zwischen der Maas und dem Kanal Dérivation, unweit des von Santiago Calatrava entworfenen Lütticher Bahnhofs. Mit dem Umbau des Museums ist der Architekt Rudy Ricciotti betraut. Er wurde u.a. bekannt durch den Bau des Museums MUCEM für die „Kulturhauptstadt Europas 2013“, Marseille.

Ricciotti legte Wert darauf, die bestehenden Bauten und den Park zu erhalten, weshalb er sich auf die historischen Merkmale des Gebäudes konzentrierte. Das auffälligste neue Element ist eine verglaste Verlängerung, die wie ein neuer Flügel in Richtung Osten eingefügt ist und über das Ufer des Kanals ragt. Park und Museum können vom Guillemins-Viertel aus direkt über die neue Fußgängerbrücke erreicht werden. Die Dauerausstellung auf einer Ebene des Museums wird die schönsten und wichtigsten Exponate bildender Kunst aus der Sammlung der Stadt Lüttich präsentieren. Werke von Künstlern wie Lambert Lombard, Gérard de Lairesse, Ingres, Gauguin, Chagall, Picasso, Evenepoel, Delvaux und Magritte beleuchten die Modernität der Kunst in allen Epochen, von der Renaissance bis heute.

Darüber hinaus ist ein reichhaltiges Kulturprogramm geplant, das sämtliche Kunstformen beinhaltet. Die obere Ebene des Museums bietet auf etwa 3.000 m^2 Raum für Sonderausstellungen, die allein von der Stadt Lüttich oder in Zusammenarbeit mit dem Pariser Musée du Louvre und anderen namhaften Museen organisiert werden.

www.laboverie.com

In einem prächtig renovierten Palais von 1905 – La Boverie

Wie der Aufstieg zum Olymp

Lüttichs einzigartige Treppenstraße

91

An der berühmten Montagne de Bueren, der pyramidensteilen Treppenstraße mit 374 Stufen in der Lütticher Altstadt, stellt sich zumindest mir immer die Frage: Kopf hoch und hinauf? Horrorvorstellung oder Herausforderung? Gott sei Dank gibt es Alternativen – auch steil, aber gemäßigter, wie den romantischeren Umweg durch eine urige Gasse, den Impasse des Ursulines, am geheimnisvoll anmutenden Pfad Sentier des Terrasses, der auch auf die Höhe des Zitadellenhügels führt. Mit einem spektakulären Panoramablick über die Maas-Metropole wird man immer belohnt. Die 373 Stufen haben es mit einer Steigung von 40 Prozent in sich. Sie wirken wie der Aufstieg zum Olymp.

Warum gibt es diese einzigartige Treppenstraße überhaupt? Das wird sich mancher fragen. Erbaut wurde sie 1880 aus einem originellen Grund: Die Militärs aus der Zitadelle (heute ein Krankenhaus) oben auf dem Hügel gingen abends über die Rue Pierreuse in die Stadt und kehrten auf dem Weg dorthin in diverse „beuglants" (Etablissements) ein, was meistens in Krawall und Prügeleien endete. Die Stadt wollte dem Trubel Einhalt gebieten und ließ die Buerentreppe als Ausweichstraße bauen. Fortan gingen die Soldaten diese Treppe hinunter zum La Batte. Benannt ist die Treppe nach Capitaine Vincent de Bueren, der sich im Kampf gegen den Lüttich-Belagerer Karl den Kühnen an diesem Ort verdient gemacht hatte (allerdings rund 200 Jahre vor dem Bau). Lüttich bietet verschiedene thematische Spaziergänge an, die viel Überraschendes bereit halten wie Kapellen, Klostergebäude, Höfe, aber auch Grünflächen, Obstwiesen und kleine Parks – und natürlich den Panoramablick über die Stadt. Jedes Jahr am 1. Samstag im Oktober gibt es hier ein Lichterfest, das ganz Lüttich und viele Besucher fasziniert.

www.visitezliege.be/de

Die Montagne de Bueren wurde als eine der zehn außergewöhnlichsten Treppen der Welt auserkoren

Lüttichs geheime Pfade

Über den Sentier des Terrasses

92

Der Sentier des Terrasses beginnt links unterhalb der Buerentreppe. Über eine kaum meterbreite Gasse erreicht man den Innenhof des ehemaligen Beginenklosters Saint-Esprit (17. Jahrhundert) mit restaurierter Lütticher Architektur. Von hier aus wird der Pfad immer schmaler, etwas mehr als schulterbreit, zwischen mittelalterlich wirkenden Bruchstein-Häuserwänden immer steiler. Früher ging man hier entlang, um in die Weinberge zu kommen, die schon lange verschwunden sind. Oben angelangt eröffnet sich links ein Durchgang zur Terrasse mit kleinem Park. Rosensträucher, Beete, Bäume, Rasen und die mächtige Begrenzungsmauer des ehemaligen Klosters der Minderbrüder (17. Jahrhundert) prägen das Bild. In der Ferne, ebenfalls auf einer Anhöhe, thront der mächtige Turm der Stiftskirche Saint-Martin über dem Häusermeer. Unterhalb der Terrasse die Renaissancekarrees des fürstbischöflichen Palasts.

Man verlässt diesen Aussichtsort durch ein Gittertor, hinab über eine eigens dafür angelegte Metalltreppe, dann durch einen Flurgang Richtung Rue Pierreuse, eine der ältesten Einfallstraßen Lüttichs, der man ein Stück bergan folgt. Rechter Hand dann eine weitere Treppenstraße, die Rue Au Pérî, fast wagenbreit, mit flachen, tiefen Stufen. Sie führt hinauf zur Zitadelle (heute Krankenhaus), vorbei am oberen Zugang zur Buerentreppe. Richtung Krankenhaus und nach Favechamps taucht scheinbar wie aus dem Nichts eine Wiesenlandschaft mit Obstgärten auf dem alten Festungsterrain auf. Hier verläuft ein Naturpfad über den Rempart des Anglais (Engländerwall), das westlichste Ende der Stadtmauer aus dem 13. Jahrhundert. Wo früher die Kanonen der Festung standen, grasen heute muskelbepackte belgische Rinder auf wildwachsenden Wiesen, blühen Obstbäume gleich neben kleinen Schrebergärten. Die ganze Landschaft hier steht unter Naturschutz, auch an der Ferme de la Vache (Kuhhof) mit seinen Gemüse- und Pfanzengärten. Durch eine Toreinfahrt kehrt man zurück auf die Rue Pierreuse, die wieder zurück in die quirlige Stadt hinunter zur Place Saint-Lambert führt.

www.visitezliege.be/de

Lüttich und seine versteckten Ecken an den Hügelhängen der Zitadelle

Georges Simenon, ein Junge aus Outremeuse

93

Lüttich und der große Sohn der Stadt

Der vielleicht legendärste Kommissar aller Zeiten wurde von einem Belgier erfunden: Maigret, erschaffen von Georges Simenon (1903–1989), dem berühmtesten Sohn der Stadt Lüttich. Georges Simenon wurde am 13. Februar 1903 dort geboren. In jungen Jahren arbeitete Simenon für eine Zeitung in Lüttich. An der Place St. Lambert kaufte sich Georges seine erste Tabakspfeife. Links, am Fuß der Treppe des Rathauses, befindet sich auf der Fassade des Rathauses eine Gedenktafel für Polizisten, u.a. mit dem Namen eines gewissen Arnold Maigret. Ein Zufall? Direkt hinter dem Rathaus stand das Kommissariat. 1920 folgte dann sein erster Roman: „Au Pont des Arches".

Mit seinen Künstlerfreunden führte Simenon in jungen Jahren in seiner Heimatstadt ein kurzes, aber intensives „Bohemien-Dasein". Das Heringsfass (La Caque), ein Zimmer in einem kargen Hinterhof nahe der Kirche Saint-Pholien, war ihr Treffpunkt. In den Romanen lässt sich viel Autobiografisches entdecken. Die oft einfachen kleinen Leute in Simenons Werk und die Milieus, in denen die Geschichten spielen, erinnern an Outremeuse, das Lütticher Stadtviertel der Arbeiter und kleinen Künstler.

Und heute? Am Place du Congrès steht eine Büste des Autors. In der Nähe: die Jugendherberge Georges Simenon. Davor die Skulptur „Fondements du Voyage". Steinerne Reisekoffer, die als Sitzbänke dienen. Die Bänke zitieren einen eingravierten Satz aus Simenons „Die Witwe Couderc". „Es sind die Kindheit und die Jugendzeit, die einen vor allem prägen. Mit 70 Jahren handle, denke und verhalte ich mich wie ein Kind von Outremeuse", resümierte Simenon. Im Erfolgsroman „Der Gehängte von Saint-Pholien" nimmt er sogar eine Tragödie auf, die 1922 in Lüttich für Aufsehen sorgte. Der junge Künstler Joseph Kleine erhängte sich sturzbetrunken am Türklopfer der Kirche Saint-Pholien. 1922, ein Jahr nach dem Tod seines Vaters, verließ Simenon seine Heimatstadt vom Bahnhof Guillemins aus nach Paris ... und es begann seine Weltkarriere.

www.visitezliege.be/de

Der Platz hinter dem Rathaus wurde in „Place du Commissaire Maigret" umbenannt. Auf einer Bank kann man hier neben der lebensgroßen Figur des pfeiferauchenden Schriftstellers Platz nehmen.

Eine Reisebadewanne für Napoleon

94

Das Kuriosum Neutral-Moresnet

Der Ort Kelmis liegt im Dreiländereck Niederlande–Deutschland–Belgien. Das wahrscheinlich schon in der Römerzeit am Altenberg (frz.: Vieille Montagne) abgebaute Zinkerz „Galmei", plattdeutsch „keleme" oder „kelms", führte zu dem Ortsnamen Kelmis. Vor mehr als 200 Jahren beauftragte Napoleon 1805 den findigen Tüftler Jean-Jacques Daniel Dony mit der Entwicklung eines Verfahrens zur Herstellung von Zink und Zinktafeln aus Galmei. Dony entwickelte daraufhin eine Zinkhütte in der Nähe von Lüttich, erhielt die alleinigen Rechte zur Ausbeutung der Zinkminen in Kelmis. Die Folge: ein Zinkboom für Anwendungen von Zink im Haushalt und als Baumaterial. Kelmis wurde zum größten Abbaugebiet für Zink in Europa. Dony ließ später eine Reisebadewanne aus Zink für Napoleon anfertigen. Schließlich gründete der Brüsseler Industrielle und Bankier François-Dominique Mosselman 1837 das Unternehmen Société des Mines et Fonderies de Zinc de la Vieille Montagne mit Sitz in Angleur bei Lüttich.

Neutral-Moresnet (1816–1919) hieß die Region rund um Kelmis. Nachdem die Verhandlungen des Wiener Kongresses für diese Region keine Einigung über die geografische Zuordnung ergeben hatten, stand Neutral-Moresnet 1816 als autonome Zone unter niederländischer wie auch preußischer Verwaltung mit einer Grenze zu Preußisch-Moresnet – ein Landzipfel als Ministaat. Und beinahe hätte es auch eine eigene Sprache gegeben: In der Region gab es eine große Gruppe von Anhängern der 1887 erfundenen Kunstsprache Esperanto. Ziel war es, in der autonomen Zone den unabhängigen Staat „Amikejo" als ersten eigenständigen Esperanto-Staat zu gründen. Alle diese Bemühungen führten jedoch nicht weit.

www.mvm-kelmis.be

Das Museum Vieille Montagne ist in einem wunderschönen Jugendstilgebäude und im alten Bahnhof in Kelmis installiert (Lütticher Straße 278, Kelmis)

Oh là là – Belgiens Märkte

95

Mit einem wuchtigen Messer tranchiert die Marktfrau aus Jupille vor Geschmack strotzende dicke Scheiben von einem immensen Knochenschinken. Sie ist Stammausstellerin auf dem regionalen Schlemmermarkt. „Le vrai jambon à l'os", der einzig wahre Knochenschinken, preist sie ihn an und lässt es sich nicht nehmen, zwischendurch auch noch ein Liedchen zu trällern.

Wir sind in Aubel, nicht weit von Eupen und Lüttich. Der Aubeler Sonntagsmarkt ist eine schwelgerische Angelegenheit. Urig und originell, typisch belgisch mit viel Gelassenheit und Lebensart, geht es hier zu. Die großen Stände mit Obst und Gemüse bieten eine breite Palette an regionalen Sorten. Sie kommen aus dem nahen fruchtbaren Haspengau oder aus Flandern, wie der berühmte Spargel oder der Chicoree, das „Weiße Gold" Belgiens. Wurstwaren und Fleisch aus dem Aubeler und Lütticher Land sind über die Grenzen hinaus beliebt und überaus schmackhaft. Man fühlt sich ein wenig in den Süden versetzt, wenn das Wetter sein Übriges tut und die Besucher nach einem Einkaufsbummel an den Ständen entlang zum Aperitif in die Cafés und Restaurants strömen. Der Fischhändler in seinem komfortablen Marktwagen preist frischen Fisch direkt aus Boulogne-sur-Mer an, dem großen Fischereihafen in Nordfrankreich, gut vier Stunden entfernt. In der Saison kann man hier an Stehtischen sogar Austern schlürfen. Dass Belgien auch ein Käseland ist, stellen wir in Aubel schnell fest. Die Käsewagen hier gehören zu den Hauptanziehungspunkten.

Das Marktgeschehen hat in Aubel Tradition seit 1630. Doch Urlauber werden in Belgien nicht nur draußen gut versorgt. Hier sind nicht nur die größte belgische Supermarktkette Delhaize mit vielen Märkten und der Discounter Colruyt vertreten, sondern auch die französische Carrefour-Gruppe (Carrefour Market) sowie deutsche Ketten. Aufgrund der überdurchschnittlichen Bedeutung des Essens in Belgien, ist auch das Angebot in den Supermärkten und Lebensmittelläden entsprechend üppig und feinschmeckerlike, wie man es beispielsweise in Deutschland (noch) nicht so häufig findet.

Einkaufen in Belgien (hier in Aubel) ist eine schwelgerische Angelegenheit

Wussten Sie eigentlich schon ... (1)

96

... dass der berühmteste Maler aller Zeiten in Belgien sein Genie entdeckte? Vincent van Gogh (1853–1890) verbrachte beinahe zwei Jahre in der Borinage, der Zechenregion in und um Mons im belgischen Hennegau. Hier begann er als Prediger und war sehr nah am harten Alltag der Bauern und Minenarbeiter. Von diesem Leben beeinflusst, entschied er sich alsbald für die Künstlerlaufbahn und entwickelte eine Vorliebe für Motive aus dem Alltag der hart arbeitenden Bevölkerung. Das Maison du Marais (Maison van Gogh) in Cuesmes, wo van Gogh von August 1879 bis Oktober 1880 gelebt hat, ist ein Museum. Der neu gestaltete Rundgang zeigt in räumlichen Inszenierungen das Leben von Vincent anhand von Dokumenten und einem originalgetreu eingerichteten Zimmer. Außerdem ist das Originalwerk „Die Grabenden“ aus dem Jahr 1880 zu sehen: eine Kohlezeichnung, die der Künstler hier anfertigte. Auch das Haus in Colfontaine ist renoviert und zum Museum umgestaltet worden. Hier wohnte Vincent van Gogh von März 1879 bis zu seinem Umzug nach Cuesmes. Man kann seine Spuren auf einer Route entdecken.

www.visitmons.be

... dass die Urknalltheorie die Idee des 1894 in Charleroi geboren Geistlichen und Astrophysikers Georges Lemaitre war?

... dass der flämische Kartograf Gerhard Mercator (1512–1594) als Erster den Begriff „Atlas“ für ein geografisches Kartenwerk einführte? Sein bedeutendstes Werk, das erst 1595 – ein Jahr nach seinem Tod – von seinem Sohn komplettiert und veröffentlicht wurde, trägt den Namen „Atlas sive Cosmograhicae Meditationes de Fabrica Mundi et Fabricati Figura“ („Atlas oder kosmographische Meditationen über die Schöpfung der Welt und die Form der Schöpfung“).

Die Bezeichnung „Atlas“ ist seither ein feststehender Gattungsbegriff für alle Kartensammelwerke. Alles über das Leben und das Werk dieses berühmten Belgiers findet man im Mercator-Museum in Sint-Niklaas im Rathaus am größten Marktplatz Belgiens.

www.musea.sint-niklaas.be/index.php?q=mercator

Auf den Spuren des Maler-Genies Van Gogh

Wusste Sie eigentlich schon ... (2)

97

... dass **Manneken Pis** – neben dem Atomium wohl das bekannteste Symbol von Brüssel – 2018 **sein insgesamt 1.000 Kostüm** trug? Die Tradition, das kleine Pinkelmännchen zu verkleiden, besteht schon seit mehr als 400 Jahren. Das 1.000. Kostüm wurde Manneken Pis durch den Modemacher Jean-Paul Lespagnard als Hommage an das Atomium, das 2018 seinen 60. Geburtstag feierte, auf den Leib geschneidert. 2019 trug der kleine Kerl das gelbe Trikot, anlässlich des Starts der Tour de France in Brüssel und des 50. Jubiläums des ersten Tour-Sieges von Eddy Merckx.

... dass **Manneken Pis eine Schwester** hat? Die weibliche Brunnenfigur **Janneken Pis** hockt in der Gasse „Impasse de la Fidélité“ in der Nähe der Grand-Place.

... dass in Brüssel dem legendären belgischen **Chansonnier Jacques Brel ein Museum (Fondation Jacques Brel) und ein Brüssel-Spaziergang** gewidmet sind?

Ein auditiver Rundgang führt Sie in Gesellschaft der Chansons des großen Jacques in die kleinen Straßen, aber auch zu den prachtvollen Boulevards. Der Künstler, der für alles eine Leidenschaft entwickeln konnte, war auch von seiner Stadt begeistert; liebevoll und voller Gefühl erzählt er von ihr. Ein Erzähler gibt einen Hauch von Geschichte zum Besten und die schönsten Erinnerungen Brels leben wieder auf. Auf Ihrem Weg von einem Ort zum nächsten begleiten Sie die Personen aus Brels Chansons, als wären sie lebendig: Jef, der auf dem Gehweg weint, Madeleine, die nicht kommt, die Bürger, die einen Schmerbauch ansetzen und die Frauen in Krinolinen auf dem Place Sainte-Catherine zu Zeiten, als Brüssel eben noch typisch Brüssel war. Eine verschwörerische Ballade, die viel über die Seele der Stadt zu erzählen weiß.

www.jacquesbrel.be

Manneken Pis – 1.000 und 1 Kostüm

Wusster Sie eigentlich schon … (3)

98

… dass **Spa** – die Mutter aller Kurorte in den Ardennen – **Namensgeber für die weltweit anerkannte Bezeichnung „Spa"** für Wellnessanwendungen und Wellnessressorts ist?

… dass **Spa**, auf der **Warteliste für das Weltkulturerbe der UNESCO** steht?

… dass **Spa** von berühmten Persönlichkeiten als **Kurort** genutzt wurde, darunter Kaiser Joseph II., Victor Hugo, Casanova und Peter der Große?

… dass in **Spa** der **Erste Violinist** des legendären **Luxusliners Titanic, Georges Krins**, lebte, der mit der acht Mann starken Kapelle der Titanic unterging?

… dass in **Spa 1888** die **erste Misswahl in Europa** stattfand? Siegerin war die achtzehnjährige Marthe Soucaret, eine Kreolin aus Guadeloupe, die in Paris lebte.

… dass 1959 in **Spa** die erste **Weltmeisterschaft der Senioren im Boule** ausgetragen wurde?

… dass **Agatha Christie Spa** so gut gefiel, dass sie es zum Geburtsort des vielleicht weltberühmtesten Belgiers – des **Detektivs Hercule Poirot** – machte? – Und wir wären nicht in Belgien, wenn es nicht auch ein Hercule-Poirot-Bier gäbe, das allerdings nicht in Spa, sondern bei Mons gebraut wird.

… dass die **Vorreiter der Aachener Printen** ihren Ursprung im wallonischen Städtchen **Dinant** haben? In der Tat werden dort seit dem 15. Jahrhundert die berühmten Couques de Dinant hergestellt, ein printenähnliches Honiggebäck.

… dass **Georges Nagelmackers** aus dem wallonischen Huy, der 1872 die internationale Schlafwagengesellschaft gründete, damit auch den legendären **Orient-Express** auf die Schiene brachte? – Und dass man im Ardennenstädtchen Bastogne in einem Speisewagen im Stil des Orient-Express speisen kann, mitten in der City?

www.wagon-leo.com

Am ehemaligen Wohnhaus von Georges Krins, gegenüber dem alten Kurhaus von Spa, erinnert eine Plakette und eine Darstellung an den Geiger

Wie man sich bettet

99

Neben den bekannten internationalen Hotelketten in den größeren Städten Belgiens gibt es eine Reihe von familiengeführten Hotels, von Häusern mit besonderer Ausstrahlung sowie Schlosshotels, die belgisches Art de vivre verkörpern. Außerdem gibt es eine Reihe exzellenter B&B-Häuser (Bed & Breakfast).

Martin's Hotels : 2019 zählten 14 Hotels der 3- bis 5-Sterne-Kategorie zu diesem Hotelverband. Die Häuser zeichnen sich durch eine unvergleichliche Lage und Architektur aus, weil sie zum größten Teil in Schlösser, Klöster und Kirchen integriert sind. Ein besonders originelles Haus ist der Martin's Patershof in Mechelen – ein Hotel, für das das Innere einer entweihten Kirche umgestaltet wurde. Martin's Reentmeesterij in Alden Biesen ist in einer ehemaligen Prachtburganlage des Deutschen Ritterordens untergebracht.

Van-der-Valk-Hotels: Seit 1862 sind die Van der Valks in der Hotellerie tätig, ein niederländisches Familienunternehmen, das über Generationen Hotels und Restaurants weltweit betreibt und auch sehr stark in Belgien vertreten ist. Die Hotels stellen einzigartige Locations dar, haben alle ihren individuellen Stil, ihr spezielles Design und ihr besonderes Umfeld. Gemeinsam ist ihnen die Philosophie dieser Hoteliersfamilie, die mit viel Innovationskraft Komfort für jedermann zugänglich macht. Gastfreundschaft zu moderaten Preisen steht hier im Mittelpunkt. Restaurant, Brasserie und Bar in allen Häusern stehen für die verschiedensten kulinarischen Ansprüche. Van-der-Valk-Hotels sind u.a. in Brüssel, Mons, Lüttich, Bastogne, Verviers, Nivelles und Charleroi zu finden.

Different Hotels: Ein Hotelverband, der in Belgisch-Limburg vertreten ist. Die Häuser zeichnen sich durch ihr außergewöhnlich hippes Design aus. Sie liegen im Zentrum von Tongeren, am Naturpark Hoge Kempen, in Hasselt und Genk.

www.bedandbreakfast.eu/de/bed-and-breakfast-belgien

www.martinshotels.com · www.valk.com · www.differenthotels.com/nl

Oben: Different Hotel Terhills in Maasmechelen
Unten: Hotel du Moulin in Ligneuville

Und so kommen Sie hin 100

Flughäfen
Die größten Flughäfen sind Brüssel, Charleroi, Lüttich, Antwerpen sowie Ostende/Brügge. Von den belgischen Flughäfen sind bestimmte europäische Destinationen manchmal preisgünstiger als in Deutschland, etwa nach Nizza, von Charleroi aus.

Bahn (innerhalb Belgiens)
Es gibt Sondertarife für Senioren ab 65 Jahren: 6,80 Euro für eine Hin- und Rückfahrt (am selben Tag) innerhalb Belgiens. Auf das Wochenendticket für Hin- und Rückfahrt gibt es bis zu 50 Prozent Rabatt. Bis zu vier Kinder unter zwölf Jahren in Begleitung eines zahlenden Fahrgasts fahren kostenlos. Für Reisende unter 26 Jahren lohnt sich der „Go Pass 1“: die Hin- und Rückfahrt innerhalb Belgiens kostet 13,20 Euro. Noch günstiger ist eine Zehnerkarte für ein und dieselbe Strecke (Stand 2019). Ideal ist deshalb die Anreise von einem belgischen Grenzbahnhof aus, etwa Eupen oder Welkenraedt.

www.belgiantrain.be/de

Bahn (aus Deutschland)
Thalys, mehrmals täglich von deutschen Großstädten aus nach Brüssel, mit Halt in Lüttich. Von Düsseldorf, Duisburg, Essen, Dortmund, Köln und Aachen.
ICE, von Köln 7-mal täglich (knapp 2 Stunden Fahrtzeit)
ICE, von Frankfurt 8-mal täglich (knapp 3 Stunden Fahrtzeit)

www.thalys.com
www.bahn.de

Auto
Ein Nadelöhr von Deutschland aus ist die Autobahn E 40 Aachen–Lüttich–Brüssel. Reisende sollten die Verkehrsringe um Brüssel und Antwerpen möglichst meiden, zumindest in den Zeiten des Arbeitsbeginns und des Feierabends.

Allein die Ankunft im Bahnhof Guillemins in Lüttich ist schon eine Bahnreise wert

Fotonachweis

Alle Fotos: Rolf Minderjahn, mit Ausnahme folgender Kapitel:

1: © Guido Bertemes
5: © Adobe Stockfoto – HLPhoto
6: © Adobe Stockfoto – FomaA
8: © Adobe Stockfoto – Gerhard Köhler
9: © Denis Erroyaux & Murielle Courtois
12: © Adobe Stockfoto – Kirill
13: © WBT – Philippe Lermusiaux-Herve cheese
15: © Delhaize
16: © Achel
19: © Denis Erroyaux
24: © WBT – Jean-Paul Remy
25: © visit brussels – Eric Danhier
26: © CGT – A. Siquet
27: © Beffroi_De_Mons@Utopix-Geoffrey_006
28: © visit brussels – Eric Danhier
29: ©WBT – Bruno D'Alimonte-Thieu (Le Roeulx)
31: © WBT – AlexKouprianoff
32: © Jean Pol Lejeune
33: © visit brussels – Jean-Paul Remy
35: © visit brussels – Jean-Paul Remy
36: © Visit Brussels – Vanhulst
37: © www.atomium.be.-SOFAM-Alexandre Laurent
38: © Museum_des_Sciences_Naturelles – Jean-Paul Rémy
39: © Marcel Vanhulst
40: © visit brussels – Sophie Voituron
41: © visit brussels – Jean-Paul Remy
42: © Adobe Stockfoto – Sergii Figurnyi
43: © Adobe Stockfoto – Santi Rodriguez
44: © Olivier van der Kerchove
45: © Adobe Stockfoto – Boyan Georgiev
47: © Adobe Stockfoto – r udi1976
47: © Adobe
50: © Adobe Stockfoto – Horváth Botond
52: © Adobe Stockfoto – yasonia
53: © Reiner Niessen
55: © Westtoer
56: © Adobe Stockfoto – diketbo
57: © Unten: Adobe Stockfoto – eyewave
58: © Toerisme Ieper
59: © Toerisme Ieper
62: © Kristien Wintmolders
64: © WBT – Jean-Paul Remy
67: © WBT – Jean-Paul Remy
68: © WBT – Jean-Paul Remy
69: © WBT – Jean-Paul Remy
70: © WBT – Jean-Paul Remy
71: © Francis Vauban
74: © SPW-Patrimoine – photo Guy Focant

Ein besonderer Ort in Brüssel: der Mont des Arts (Kunstberg) mit einem fantastischen Blick auf das gotische Rathaus

76: © Adobe Stockfoto – caputo-laurent
78: © WBT – Jean-Paul Remy
79 © WBT – Jean-Paul Remy
80: © Oben © Gregory Mathelot
81: © CGT – A. Siquet
82: Oben: © WBT Didier Brancart
83: © WBT –Bruno D. Alimonte-Riviere
84: © O. Legardien
85: © Alain Petit
86: © Han-sur-Lesse A. Joris
87: © Adobe Stockfoto – milosk50
88: © WBT – Durbuy
91: © Adobe Stockfoto – hanseat
93: © WBT – Jean-Paul Remy
96: © visitmons
97: © visit brussels – Eric Danhier
98: © Karin Schneider
99: Unten: © Logis de Belgique

Seite 13: © Westvleteren
Seite 215 © Adobe Stockfoto – Kavalenkova
Cover und Umschlag: Adobe Stockfoto

Wir hoffen, dass dieses Buch
Ihren Erwartungen gerecht wird!

Bitte teilen Sie uns Ihre Anmerkungen oder Kritik mit.

Wir freuen uns über jede Anregung
und jeden Verbesserungsvorschlag.

Der Austausch mit unseren Leserinnen und Lesern
liegt uns am Herzen.

GEV (Grenz-Echo Verlag)
Marktplatz 8
4700 Eupen (B)
Tel. +32 (0)87/59 13 03
Fax +32 (0)87 74 38 20
E-Mail: buchverlag@grenzecho.be
www.gev.be